改定綱領が開いた「新たな視野」

志位和夫
Shii Kazuo

新日本出版社

目次

写真提供「しんぶん赤旗」

改定綱領が開いた「新たな視野」

全国のみなさん、おはようございます。これから講義を始めます。

冒頭、新型コロナウイルス感染症から国民の命・健康・暮らしを守る取り組みに、国会議員団、地方議員団、全党が協力して、全力をあげる決意を申し上げたいと思います。「国民の苦難を軽減し安全を守る」という立党の精神にたった取り組みに、全力をあげることを心から呼びかけるものです。

同時に、感染防止の対策に最善をつくしつつ、強く大きな党をつくる活動に、落ち着いて、積極的に取り組むことが必要であります。

その一つとして、今日は、「改定綱領が開いた『新たな視野』」と題して、学習講座を行います。新型コロナ対策を考えて、当初の企画を変更し、「オンライン講座」として取り組むことにしました。昼食休憩をはさんで、正味約5時間を予定しております。がんばって話しますので、楽しんでお聞きください。どうか最後までよろしくお願いいたします。

はじめに――駐日大使館の方々からの二つの感想

昨年（2019年）11月の第8回中央委員会総会で綱領一部改定案が発表されて4ヵ月、今年1月の党大会から2ヵ月がたちました。改定綱領に対して、党内外で大きな積極的反応が広がっています。

私たちは大会後、駐日大使館の方々と、決定をお持ちして懇談する機会がありましたが、いくつかの感想を紹介します。

ある大使館の方はこういう感想をのべられました。

「世界情勢の分析が深く、ユニークで、大国に保留がない点で、歴史的に独立心の強い共産党ならではの非常に興味ある、他では聞けない政治報告だった」、「教条から解放されて、マルクス主義を元に戻す試みをしているようにみえる。刷新性、先駆性、理論的深さをもちながら、慎重であると同時に、大胆な政治的な提起をする。そうした関心が強く惹かれる共産党という印象をもった。今後も、交流を続けていきたい」

別の大使館の方からはこういう感想が寄せられました。

「世界で最も先進的な課題であるジェンダー平等と気候変動を重視していることに注目した。

世界の変化に敏感に反応している政党であることを示している。香港についても、ウイグルについても、中国のすべての問題についてはっきりと言及・批判していて、びっくりした。日本共産党はユニークだ。中国について検討した結果、改定綱領になったのはいいことだと思う」よく特徴を捉えていただいていると思います。大国に正面からモノをいう自主独立の立場、世界情勢を深く分析し、その変化に敏感に対応している政党、世界の他の共産党には見られないユニークな政党――私たちの改定綱領の核心部分に注目と評価が寄せられていることは、嬉しいことではないでしょうか。

綱領一部改定の内容と意義については、すでに8中総での提案報告と結語、党大会での綱領報告と結語のそれぞれでのべています。今日の講義は、それらを前提にして、できるだけ重複を避けつつ、お話を進めていきたいと思います。

一、綱領一部改定の全体像――党大会の結語での理論的整理

全党討論を踏まえた党の認識の到達点

まず講義の第一章です。綱領一部改定の全体の特徴をどうつかむかという問題についてのべたいと思います。

8中総と大会での綱領問題での報告・結語のなかでとくに注目して読んでいただきたいのは、大会での結語の最後の部分――「中国に対する綱領上の規定の見直しは、綱領全体に新たな視野

を開いた」とのべた部分です。

中国に対する綱領上の規定の見直しと、綱領全体の組み立ての見直しとの関連をどうつかむか。これはたいへんに大切な問題です。

私は、この問題について、8中総の提案報告で、「この改定（中国にかかわる綱領の規定の削除――引用者）は、この部分の削除にとどまらず、……綱領の世界情勢論の全体の組み立ての一定の見直しを求めるものとなりました」（『前衛』第28回党大会特集号、38ページ）とのべました。党大会の綱領報告でも、「中国に対する認識の見直しは、綱領全体の組み立ての見直しにつながった」（同前、74ページ）とのべました。2つの報告のそれぞれで指摘をしてきた問題でした。

ただ、私は、報告を行いながら、率直に言って、中国に対する規定の見直しと綱領全体の組み立ての関連について、もう一つ理論的な整理が必要だと感じていました。それが、大会の討論を聞いて、提案者としての認識がより深まり、すっきりと整理されたなという認識を得ることができました。

そこで大会の結語では、「さらに少し踏み込んで、理論的な問題を整理」してのべました。「中国に対する綱領上の規定の見直しが、綱領全体に新たな視野を開いた」（同前、104ページ）として、三つの点を強調しました。これは、全党討論と大会での討論をふまえた党の認識の到達点を、ぎゅっと詰まった形で――凝縮《ぎょうしゅく》した形でのべたものになったと思います。

綱領一部改定の作業のプロセスについて

ここで、綱領一部改定の提案者として、作業のプロセスをお話ししたいと思います。少し舞台裏のような話になりますが、今日は、率直に、報告しておきたいと思います。その出発点は、中国に対する綱領上の規定を見直すことにありました。

わが党は、２００４年の綱領改定で、中国などについて次の規定を行いました。

「今日、重要なことは、資本主義から離脱したいくつかの国ぐにで、政治上・経済上の未解決の問題を残しながらも、『市場経済を通じて社会主義へ』という取り組みなど、社会主義をめざす新しい探究が開始され、人口が一三億を超える大きな地域での発展として、二一世紀の世界史の重要な流れの一つとなろうとしている」

この規定は、綱領改定の当初は、合理的な規定でした。

しかし、その後の中国の変化と現状にてらして、それを削除することが急務となってきました。端的に言いますと、この規定が綱領の生命力にとっての桎梏《しっこく》――手かせ、足かせに転化してきた。

たとえば私たちが、綱領の講義をするにしても、国民のみなさんに綱領を説明する場合にも、ここが一番の難所になっていたのではないでしょうか。これは私たちの責任ではなくて、中国の変化によってそうなったのであります。私たちは、そのことを強く感じ、ここから改定の作業をスタートさせました。

この作業を始めてみますと、この規定の削除は、削除すればすむという問題ではないことが明らかになってきました。中国に対する規定は、綱領全体の組み立てにかかわっており、その削除は、綱領全体の見直しを求めるものとなりました。そして、そこを突き詰めて作業をしてみますと、綱領一部改定は、作業開始当初の問題意識からはるかに大きく発展することになりました。中国に対する規定の削除は、21世紀の世界の展望、未来社会の展望にかかわって、三つの点で「新たな視野」を開くものとなったのであります。

第一は、20世紀に進行した「世界の構造変化」の最大のものが、植民地体制の崩壊と100を超える主権国家の誕生にあることを綱領第7節で綱領上も明確にするとともに、新たに綱領第9節を設け、この「構造変化」が、平和と社会進歩を促進する生きた力を発揮しはじめていることを、核兵器禁止条約、平和の地域協力、国際的人権保障などの諸点で具体的に明らかにしたことです。

第二は、資本主義と社会主義との比較論から解放されて、21世紀の世界資本主義の矛盾そのものを正面から捉え、この体制を乗り越える本当の社会主義の展望を、よりすっきりした形で示すことができるようになったことであります。

第三は、綱領の未来社会論にかかわって、「発達した資本主義国での社会変革は、社会主義・共産主義への大道《だいどう》」という、マルクス、エンゲルスの本来の立場を、綱領で堂々とおしだすことができるようになったということであります。

こうして、三つの点で、「新たな視野」がグーンと開けてきたのです。

大会の結語ではこの3点を総括して次のようにのべました。

「中国に関する規定の削除は、綱領の全体の組み立ての根本的な見直しにつながり、綱領にきわめて豊かな内容を付け加えることになり、その生命力をいっそう豊かなものとする画期的な改定につながりました」（『前衛』特集号、106ページ）

これは全党討論と大会での討論をへた私たちの強い実感でありました。

今回の綱領一部改定について、「一部改定というが大きな改定だ」、「綱領路線の大きな発展を感じる」という感想が多く寄せられました。それは偶然ではありません。今回の改定は、綱領の世界論、未来社会論の根本的な考え方にかかわる大きな改定と言えると思います。この改定によって、世界の見晴らしがグーンとよくなり、未来社会の見晴らしもグーンとよくなったということが言えるのではないでしょうか。

こうした綱領一部改定の理論的な関連の全体をつかみ、たたかいに生かしていくことがたいへんに大切です。

そこで今日の講義では、いまお話しした大会の結語での理論的整理にそくして、綱領一部改定の全体の内容を再構成するという形で、お話ししていきたいと思います。改定綱領と科学的社会主義の古典との関係など、8中総や大会では時間の制約からお話しできなかった点も多々あります。そういう点も含めて、今日は明らかにしていきたいと思います

二、中国に対する綱領上の規定の見直しについて

講義の第二章に進みます。

中国に対する綱領上の規定の見直しについてのべます。

中国に対する綱領上の規定の見直しにいたるわが党の認識の発展は、どのようなものだったのか。それを今日はお話ししたいと思います。この２０年余の日中両党関係の歴史を振り返って、私自身の体験を含めて、まとまってのべておきたいと思います。

２００４年の綱領改定――「社会主義をめざす新しい探究が開始……」と規定

２００４年の綱領改定のさい、わが党は、中国について、「社会主義をめざす新しい探究が開始」されている国という規定を行いましたが、そういう規定をしたのは何よりも１９９８年の日中両共産党の関係正常化と、それ以降の数年間の一連の体験にもとづくものでありました。

〈１９９８年の両党関係正常化――ここまで踏み込んだ干渉への反省は世界に例がない〉

１９６６年、毛沢東によって発動された「文化大革命」と一体に、日本共産党に対する乱暴な干渉と攻撃が開始されました。

毛沢東は、このときに、「日中両国人民の四つの敵」ということを言いました。「四つの敵」というのは、「アメリカ帝国主義、ソ連修正主義、日本共産党、日本の反動派」――これを「四つの敵」と規定したのです。「四つの敵」の一つに、アメリカ帝国主義と並んで日本共産党を数えあげて、これを干渉の指導原理にして、激しい攻撃を行いました。両党関係は３２年間にわたって断絶しました。

1998年の関係正常化にいたる両党会談で、中国共産党は、「我をもって一線を画し、日本共産党を『両国人民の敵』と規定した」ことが32年前の誤りだったことを認めました。これは「四つの敵」論という干渉の指導原理そのものの誤りを認めたものでした。中国は、過去の干渉の誤りをその核心部分で認めたうえで、両党共同文書で「真剣な総括と是正をおこなった」と表明しました。中国の当時の指導部は、これを、テレビや新聞で国民に周知する対応をとりました。こうして両党関係が正常化されました。

実は、ここまで踏み込んで中国が外国に対して歴史的な反省を明らかにした例は、世界に他に一つもありません。中国側がヨーロッパの共産党などとの間で断絶状態を清算して関係を回復した例は多くありますが、その時の合言葉は、「お互い、過去は水に流そう」というあいまいなものでした。わが党との関係でも、1980年代、鄧小平《とうしようへい》の時代に、中国は関係改善を求めてきましたが、その時も中国側は、「お互い、過去は水に流そう」と言ってきました。中国側からすれば水に流してすむかもしれないけれど、日本側は水に流してすませるわけにはいきません。わが党は、きっぱりこれを拒否しました。こういうあいまいな決着を許さず、1998年の関係正常化のさいに干渉の誤りを根本から認めさせたことは、日本共産党の不屈の自主独立のたたかいの重要な歴史的成果だったと思います。

同時に、こうした体験を通じて、私たちは、当時の中国の党指導部の態度に、「真剣さ、誠実さ」を強く感じました。

この体験および、その後数年間の交流の体験を通じて、わが党は、当時の中国指導部の社会主義の事業に対する「真剣さ、誠実さ」を評価し、綱領改定での先にのべた規定を行いました。その国の指導勢力が社会主義の事業に対して「真剣さ、誠実さ」をもっていれば、さまざまな制約や困難があっても、それを乗り越えてこの事業を前進させることができるだろう。わが党はそう考え、綱領に中国に対する肯定的な評価を明記しました。この綱領の規定には合理的な根拠があったと考えるものです。

〈人権と民主主義の問題――両党会談で率直に提起した〉

ただしこれは方向性についての規定であって、その国で起こっているすべてを肯定するものではないということを、私たちは、綱領に「政治上・経済上の未解決の問題を残しながらも」という「ただし書き」を書き込んで明確にしました。

たとえば民主主義と人権の問題は、関係正常化の時点でも、見過ごすことのできない問題でした。１９９８年の両党会談で、不破哲三委員長（当時）は、胡錦濤《こきんとう》政治局常務委員・国家副主席（当時）との会談で、１９８９年に天安門で引き起こされた血の弾圧について、「平和的な運動を武力行使でおさえることは、社会主義的民主主義と両立しえない暴挙だと指摘」したと、わが党

胡錦濤政治局常務委員（国家副主席）**と会談する不破哲三委員長、志位和夫書記局長**＝1998年７月20日、北京市・魚釣台国賓館

の立場を伝えました。さらに、中国の政治体制の将来について次のような提起を行いました。

「将来的には、どのような体制であれ、社会にほんとうに根をおろしたといえるためには、言論による体制批判にたいしては、これを禁止することなく、言論で対応するという政治制度への発展を展望することが、重要だと考えます」

私は、その場に同席していましたが、不破委員長のこの言葉を印象深く思い出します。中国に対して、こうした提起を正面きって行った党は、世界に他にないと思います。

胡錦濤氏は、「天安門事件について、私たちはあなたがたと立場と意見が異なります。……あのとき私たちがあのような措置をとらなかったら、中国の今日の安定と発展はなかったでしょう」と答えました。それ以上の反論はしませんでしたが、天安門での弾圧を肯定する立場に変わりはありませんでした。

私たちが綱領で、先にのべた「ただし書き」を明記したのは、こうした問題も含めて、多くの未解決の問題が存在するということを感じていたからでした。

私たちは、こうした問題点を直視し、率直に、また適切な形で指摘しつつ、中国が社会主義をめざす事業で成功をおさめてほしいという期待をもって、中国との交流を再開しました。

その後の中国の変化――この10年余のわが党の体験と対応について

しかし、その後、とくにこの10年余、中国で看過《かんか》できない問題点が現れてきました。この10年余、わが党がどういう体験をし、どういう対応をしてきたのか。今日は、これまで公表してこなかった事実を含めて、まとまって報告しておきたいと思います。

〈チベット問題、劉暁波氏問題――看過しがたい国際的な人権問題が〉

まず私たちが看過できない問題点と感じたのは、中国における人権問題でした。

２００８年４月、チベット問題が国際問題になりました。騒乱・暴動の拡大と、それへの制圧行動によって、犠牲者が拡大することが強く憂慮される事態となりました。私は、胡錦濤主席（当時）あてに書簡を送り、「中国政府と、ダライ・ラマ側の代表との対話による平和的解決」を要請しました。

ちょうどその当時、来日した楊潔篪《ようけつち》外相（当時）との会談でも、私はわが党の立場を伝えました。私が、会談のなかでこの問題を切り出しますと、会談全体が強い緊張に包まれたことを今でも鮮明に記憶しています。楊外相は、ダライ・ラマ側が、「暴力によって中国を分裂させ、中国共産党の指導をくつがえそうとしている」として、対話による解決を拒否する態度を示しました。私はそれに対して、「そうした問題も含めてテーブルにのせて交渉による解決を」と重ねて要請しましたが、会談は平行線でした。この問題の根深さを痛感した会談となりました。

続いて、２０１０年１０～１１月、作家の劉暁《りゅうぎょう》波《は》氏がノーベル平和賞を受賞したことに中国が激しく反発し、国際問題になりました。私は、同年１１月に開かれた「赤旗まつり」の記念講演で、この問題について、中国自身が認めた一連の人権保障についての国際的な取り決めを具体的に指摘し、「中国が、これらの国際的到達点に立ち、人権と自由の問題に対して、国際社会の理解と信頼を高める対応をとることを強く望む」と表明しました。

この「赤旗まつり」には、中国大使館から来賓として大使館の方が参加していました。私の発言の内容は、中国大使館からの来賓に会場で直接聞いてもらうという形で、中国側に伝達をしました。

こうして、人権問題が連続的に問題になり、私たちは重大な懸念《けねん》をもちました。

〈東シナ海と南シナ海――あらわになった覇権主義的な行動〉

次に重大問題となったのが、東シナ海と南シナ海における力による現状変更を目指す動き――覇権主義的な行動でした。

東シナ海の尖閣《せんかく》諸島をめぐる紛争が深刻になっていきました。中国が、尖閣諸島の領海に初めて公船を侵入させる行為をとったのは2008年12月のことですが、この時期から緊張が徐々に高まっていきました。

2010年9月、中国漁船と海上保安庁巡視船の衝突事件が起こりました。わが党は、事態を憂慮し、同年10月に「見解」――「尖閣諸島問題　日本の領有は歴史的にも国際法上も正当――日本政府は堂々とその大義を主張すべき」を発表し、日本の領有の正当性を全面的に明らかにしました。その「見解」の中で、「中国政府にたいしても、今回のような問題が起こった場合、事態をエスカレートさせたり、緊張を高める対応を避け、冷静な言動や対応をおこなうことを求める」（「しんぶん赤旗」2010年10月5日付）と表明しました。この「見解」は、中国大使館を通じて、中国政府にも伝達しました。しかし、事態は悪化していきました。

２０１２年９月、日本政府による尖閣諸島の「国有化」を契機に、中国側は領海侵犯を含む接続水域入域を激増させました。わが党は、同年９月、「提言」――「外交交渉による尖閣諸島問題の解決を」を発表し、「物理的対応の強化や、軍事的対応論」を「日中双方ともに、きびしく自制する」ことを求めました。私は、中国の程永華《ていえいか》大使（当時）との会談で、「提言」を手渡し、中国の監視船が日本の領海内を航行することが繰り返し起こっていることについて、「中国にも、ぜひ自制を求めたい」と提起しました。

しかし、その後、中国による領海侵犯などが常態化していきました。わが党は、２０１３年２月、第２５回党大会６中総での幹部会報告で次のように表明しました。

「中国側は、政府の監視船による継続的な日本の領海内の航行や、政府の航空機による領空侵犯をおこなっています。中国側にどんな言い分があったとしても、ある国が実効支配をしている地域に対して、力によってその変更を迫るというのは、今日の世界で紛争解決の手段として決して許されるものではありません。中国側によって、力によって日本の実効支配を脅かす動きが続いていることは、きわめて遺憾であります」

７年前の６中総でここまで踏み込んだ批判をしました。しかし、その後も、中国による領海侵犯を含む接続水域入域が続きました。昨年、２０１９年は前年の１・８倍となっていることは、大会の綱領報告でも批判した通りであります。

それでは南シナ海はどうか。南シナ海では、より乱暴な形で覇権主義が現れました。２００９

年、中国は、南シナ海のほぼ全域について自国の権利を公式に主張するようになります。そして、2014年5月、西沙《せいさ》諸島近辺の海域に、石油掘削《くっさく》装置を設置するという行動に踏み出しました。わが党は、この時に談話を発表し、中国の行動を、「領土紛争解決の国際的原則にも、中国自身が加わったDOC（南シナ海行動宣言）の精神にも反する、一方的な行動」だと批判しました。

しかし、南シナ海でも、中国の行動はエスカレートしていきました。2016年、オランダのハーグに設置されている常設仲裁裁判所の裁定が、中国の主張を退け、力による現状変更は国際法違反と断じました。にもかかわらず、中国は、これを「紙屑《かみくず》」だと言って無視し、一方的な現状変更をすすめました。今日では、中国は、この地域に対する軍事的支配を公然と強化し、覇権主義的行動をエスカレートさせていることは、8中総の提案報告で詳細にのべた通りであります。

東シナ海および南シナ海での中国の動きを踏まえて、わが党は、2014年1月、第26回党大会決議で、中国の前途について、次のように表明しました。

「そこには模索もあれば、失敗や試行錯誤もありうるだろう。覇権主義や大国主義が再現される危険もありうるだろう。そうした大きな誤りを犯すなら、社会主義への道から決定的に踏み外す危険すらあるだろう。私たちは、〝社会主義をめざす国ぐに〟が、旧ソ連のような致命的な誤りを、絶対に再現させないことを願っている」（『前衛』特集号、55ページ）

わが党が、警告的にではあれ、中国について「覇権主義」という言葉を使ったのは、両党関係正常化以降では、この大会決定が初めてでした。

かなり強い言葉での警告となりましたが、それは、中国に現れつつあった覇権主義的な行動への私たちの強い危惧《きぐ》にもとづくものでした。これが6年前の出来事であります。

〈2016年のアジア政党国際会議――中国への見方を決定的に変える契機に〉

わが党が、中国に対する見方を決定的に変えざるをえないと判断したのは、2016年9月、マレーシアのクアラルンプールで行われたアジア政党国際会議（ＩＣＡＰＰ）総会での体験でした。そこで問われた最大の問題は、核兵器廃絶の問題でした。この問題で中国共産党代表団がとった態度は、あまりに理不尽かつ横暴なもので、覇権主義的ふるまいと言うほかないものでありました。

わが党は、クアラルンプールでの総会宣言に、「核兵器禁止条約の国際交渉のすみやかな開始を呼びかける」ことを明記することを強く求めました。同様の内容は、2010年のカンボジアのプノンペンでの総会宣言、2014年のスリランカのコロンボでの総会宣言にも明記されており、当然、引き継がれるべきだということを主張しました。

これに頑強に反対したのが中国共産党代表団でした。中国は、1990年代には核兵器禁止の国際条約を繰り返し求めてきましたが、ちょうどこの時期、その態度に深刻な変質が起こっていたのであります。2015年秋の国連総会で、核兵器の禁止・廃絶に関する法的措置を議論する

ＩＣＡＰＰ総会で発言する志位委員長＝2016年９月３日、クアラルンプール（田川実撮影）

「公開作業部会」の設置を提案する決議案に、中国は核保有大国の一員として頑強に反対する態度をとりました。この変質が、むき出しの形でＩＣＡＰＰの総会で現れたのです。

核兵器問題というのは、外交問題のあれこれの部分的な一つではありません。人類にとっての死活的な緊急・中心課題です。核兵器は覇権主義を押し付ける最悪の兵器となっているとも言えるでしょう。この問題での変質はきわめて重大でした。

私たちが驚いたのは、中国共産党代表団が、自分たちのこうした主張を押し付けるために、ＩＣＡＰＰの民主的運営を乱暴に踏みにじったことでした。宣言の採択にいたる過程で、わが党は、「核兵器禁止条約のすみやかな交渉開始」を総会宣言に盛り込む修正案を提起しました。宣言起草委員会は、中国を含めて全員一致でわが党の修正案を受け入れることを確認し、総会の最終日に参加者全員に配布された宣言案は、わが党の修正案をしっかり取り入れたものになっていました。私たちもそれを受け取って、「本当に良かった」と心から喜んだものでした。ところが、宣言を採択する直前になって、北京の指示を受けて、中国共産党代表団は、この部分の削除を強《きょう》硬《こ》に求め、それは無理やり削除されました。宣言起草委員会が全会一致で確認したことを、一方的に覆《くつがえ》す。しかも核兵器問題という国際政治の最大の問題で、一方的に覆す。これは覇権主義的なふるまいそのものでありました。

しかも、この時に、中国共産党代表団が、わが党代表団にとった態度も、驚くべきものでありました。今日は少しリアルに何が起こったかを話しておきたいと思います。わが党代表団は、中国共産党代表団に対して、修正案の内容が宣言に盛り込まれるよう、真摯《しんし》に話し合いを求め、協力を要請しました。私自身の率直な思いを言えば、この時までは、中国に対してさまざまな問題点を感じていたものの、「真剣に話し合えば理解しあえる」という気持ちをもっていました。ですから、そういう話し合いを求めました。ところが、中国共産党代表団の団長は、わが党の協力要請を、まともな理由を一つも示すことなく拒否したうえ、協力要請を行った緒方靖夫副委員長に対して、激高し、怒鳴り、「覇権主義」という悪罵《あくば》を投げつけるという態度をとりました。彼は、日本語で「何度も俺を呼び出しやがって、無礼だぞ」という侮辱《ぶじょく》的な言葉をのべました。これは1998年に両党関係を正常化したときに互いに確認した原則に反する行動でした。

私は、党代表団の団長として、クアラルンプールでの中国共産党代表団のあまりに横暴なふるまいの一部始終を直接体験し、1998年の両党関係正常化のさいの反省はいったいどこにいったのかと、事態の重大性を深刻にとらえざるをえませんでした。

しかし、それでもわが党は、この時の覇権主義的なふるまいの問題を、中国共産党代表団の問題として批判し、それをただちに、中国共産党中央委員会の問題として批判することをしませんでした。代表団が特別に粗暴だったということもあり得ないことではないからです。そこは区別して批判するという抑制した態度をとりました。

〈第27回党大会決議での大国主義・覇権主義批判――中国側とのやり取りについて〉

これらの一連の経過、体験にもとづき、わが党は、2017年1月の第27回党大会決議で、中国に対する踏み込んだ批判を行いました。

今日の中国に「新しい大国主義・覇権主義の誤り」が現れていることを、核兵器問題での深刻な変質、東シナ海と南シナ海での力による現状変更をめざす動き、国際会議の民主的運営をふみにじる覇権主義的なふるまい、日中両党で確認した原則に相いれない態度――の4点にわたって具体的に指摘しました。そして、「(こうした誤りが)今後も続き、拡大するなら、『社会主義の道から決定的に踏み外す危険』が現実のものになりかねないことを率直に警告しなくてはならない」(『前衛』特集号、22ページ)と表明しました。

会談する志位和夫委員長（右から２人目）と**程永華駐日中国大使**（左から２人目）＝2017年１月12日、党本部

この党大会の決議案は、２０１６年１１月の中央委員会総会で公表されていました。党大会の直前、程永華《ていえいか》中国大使（当時）が私に面会を求めてきました。２０１７年１月１２日、党本部を訪れた程大使と１時間半ほど会談をいたしました。どういう立場でこられたのかと聞きますと、「大使だが、今日は、（中国共産）党中央委員会の指示で来た」とのことでした。会談のなかで、大使は、わが党の決議案でのべた「新しい大国主義・覇権主義」など中国に対する批判的内容の削除を求めました。大使は、「意見の違いを公にせず、内部の話し合いで解決してほしい」と繰り返しました。公然と批判することは「敵が喜び、右翼が喜ぶだけだ」とも言いました。

　しかし、国際問題でわが党がその立場を公然とのべることは、党の自主的権利に属することであって、もしも異議があるならば公然と反論すればよいことであります。「意見の違いを公にするな」ということ自体が、大国主義的な態度と言わなければなりません。私は、大使の求めをきっぱりと拒否し、なぜわが党が決議案でのべたような表明をしているのかを全面的かつ詳細にのべ、中国側に誤りの是正を求めるとともに、わが党の立場を中国共産党指導部に伝えるよう要請しました。

そのさい、私は、大使がのべた「敵が、右翼が喜ぶ」というのは、「安倍政権の『戦争をする国づくり』と真剣にたたかっているわが党に対して、あまりに礼を失した発言」であること、「率直に言うが、中国の大国主義・覇権主義的ふるまいが、どれだけ安倍政権が安保法制＝戦争法を進める口実とされているか、日本の運動の利益をどれだけ損なっているかを、真剣に考えてほしい」とのべました。

そして大使に次のように提起しました。

「核兵器問題などの政治的立場の違いは、今後も話し合っていけばよい。しかし、ＩＣＡＰ総会のふるまいはそうはいかない。わが党は現場で侮辱を受けた。あまりにもひどいふるまいがあった。ただ、決議案では『中国共産党代表団』のふるまいとして書いている。『中国共産党中央委員会』と書いていない。中国共産党代表団がクアラルンプールのＩＣＡＰＰ総会でとった態度を、中国共産党中央委員会として是とするのか、非とするのか。本国に問い合わせて、回答を持ってきてほしい」

大使は、「北京に報告する」と答えました。

しかし、それから3年間、中国共産党中央委員会からは、わが党に対して何らの回答もありませんでした。そこで、昨年10月、党本部を訪れた中国の孔鉉佑《こうげんゆう》大使に、私は、「3年前に回答を求めたが、回答が来ていない。回答がないものとみなしていることを、お伝えしておきたい」と話しました。

そして、私は、11月、8中総での提案報告で次のように表明しました。

「これらの経過にてらして、わが党は、クアラルンプールで中国共産党代表団がとった覇権主義的ふるまいの問題は、中国共産党中央委員会自身の問題だとみなさざるをえません。そこに、『社会主義の事業への誠実さ、真剣さ』を見いだすことはできません」

〈綱領一部改定――10年余の事実と体験にもとづいてくだした結論〉

前党大会から3年間、わが党は、中国の動向を注視してきましたが、中国は、わが党が批判した問題点を是正するどころか、いっそう深刻にする行動をとっていると判断せざるをえません。

核兵器問題での変質がいっそう深刻になっています。東シナ海と南シナ海での覇権主義的行動が深刻化しています。それらにくわえて、香港と新疆《しんきょう》ウイグル自治区での人権侵害が深刻な国際問題となっています。それらの問題点の詳細は、8中総の提案報告と、大会の綱領報告でのべた通りであります。

中国に現れている大国主義・覇権主義、人権侵害は、どれも社会主義の原則や理念と両立しえないものです。中国の政権党は、「社会主義」「共産党」を名乗っていますが、その行動は、社会主義とは無縁であり、共産党の名に値しません。こうした判断のもと、中国に対する綱領上の規定を見直すことにしました。

大会での綱領報告でのべたように、そして今日、詳しくお話ししたように、この改定は、突然に言い出したものではなく、「この10年余、十分に慎重に中国の動向をみきわめ、節々で率直かつ節度をもって態度表明を行いつつ、動かしがたい事実と私たちの実体験にそくしてくだした結論」（大会での綱領報告、『前衛』特集号、78ページ）であるということを強調したいと思います。

なぜこうした誤りが起こったか――二つの歴史的根源について

なぜこうした誤りが起こったか。これは、今後の世界の社会主義の事業の前途を展望しても、非常に重要な問題だと思います。

私は、8中総の結語で、直接的原因として、指導勢力の責任を指摘しつつ、より根本的な問題として、「中国のおかれた歴史的条件」についてのべました。大会の綱領報告では、中国の党自身が自戒していた決定を引いて、この問題をのべました。今日は、それらの文献の内容に、さらに踏み込んで説明しておきたいと思います。

〈自由と民主主義が存在しないもとでの革命――革命後もこの課題が位置づけられず〉

「中国のおかれた歴史的条件」の第一は、「自由と民主主義の諸制度が存在しないもとで、革命戦争という議会的でない道で革命が起こったこと、革命後もソ連式の『一党制』が導入されるとともに、自由と民主主義を発展させる課題が位置づけられなかったこと」（8中総の結語、同前、66ページ）であります。

革命前の中国社会が「自由と民主主義の諸制度が存在しない」社会であったことにくわえて、革命後も「自由と民主主義を発展させる課題が位置づけられなかった」――この両面での指摘をしていることに注目していただきたいと思います。

1981年、中国共産党が「文化大革命」を総括した中央委員会総会決定――「建国以来の党の若干の歴史的問題についての決定」――では、次のようにのべていました（傍線・引用者）。

「中国は封建制の歴史のひじょうに長い国である。わが党は封建主義、わけても封建的土地制度や豪族、悪徳ボスとのもっとも断固たる、もっとも徹底したたたかいをすすめ、反封建闘争のなかですぐれた民主的伝統をそだてた。だが、長期にわたる封建的専制主義の、思想・政治面における害毒は、やはり簡単に一掃しうるものではなかった。また、さまざまな歴史的原因によっても、われわれは共産党の内部における民主と国家の政治・社会生活における民主とを制度化し、法律化することができず、また法律をつくったとしても、しかるべき権威をもたせることができなかった」

「長期にわたる封建的専制主義の…害毒」ということを言っています。これは革命前にあった「害毒」を一掃できなかったということです。それにくわえて、革命後も「民主を制度化・法律化」できなかったと言っています。先にのべた両面での問題点を、反省・自戒した決定でした。しかし、その後も、1989年の天安門での弾圧、今日の香港や新疆ウイグル自治区で噴き出している人権侵害など、この歴史的問題点は、現在も深刻な形で拡大しています。

〈大国主義の歴史——世界第二の「経済大国」となるもとで誤りが顕在化〉

「中国のおかれた歴史的条件」の第二は、「中国社会に大国主義の歴史がある」ということです。「そういう歴史をもつ国だけに、大国主義・覇権主義に陥らないようにするためには、指導勢力が強い自制と理性を発揮することが不可欠」（8中総の結語）であるということです。

1956年、『人民日報』の編集部が、中国共産党中央委員会政治局拡大会議の討論にもとづいて発表した論文——「再びプロレタリアート独裁の歴史的経験について」と題する論文があります。1956年に、ソ連共産党大会でスターリン批判があり、きわめて不十分ながら大国主義の誤りが明らかにされたなかで発表された論文でした（傍線・引用者）。

「スターリンは、兄弟党と兄弟の国家に対する関係で、かつてある種の大国主義の傾向をあらわしたことがある。……このような傾向には一定の歴史的原因がある。……大国主義はけっして一つの国の特有の現象ではない。……われわれ中国人が特別心をとめる必要があるのは、わが国が漢、唐、明《みん》、清《しん》の四代にやはり大帝国であったことである。わが国は、19世紀なかば以後の100年のあいだ侵略された半植民地となったし、現在も経済、文化のおくれた国であるけれども、しかし条件が変わったのち、大国主義の傾向は、もしも努力してふせがないなら、かならず重大な危険となるだろう」

こうした自戒をしたわけです。ところが、その後、毛沢東が引き起こした「文化大革命」の時代に覇権主義の誤りが噴き出しました。この時は、各国の共産党に対して、武装闘争路線を押し付けるという形での覇権主義でした。いま現れている覇権主義は、共産党間の覇権主義ではなくて、東シナ海や南シナ海での乱暴なふるまいに現れているように、国家間の覇権主義――領土膨張主義として、より深刻なものとなっていることを指摘しなければなりません。

この誤りが顕在化したのは、先にのべたように2008～09年ごろでしたが、この時期は、中国が日本を抜いて、世界第二の「経済大国」となったとされた時期でした。かつて中国は、「条件が変わったのち」と、「革命の勝利」によって大国主義が現れることを自戒していましたが、今日、その通りの事態が起こっているではありませんか。〝世界第二の経済大国になった。やがて世界一だ〟。こういうなかで新しい形での覇権主義が台頭してきた。これが現状だと思います。

今日の中国で起こっている問題点の根源を、こうした歴史的な諸条件のなかでしっかり捉えておくということがたいへん大切であります。それは、社会主義の事業の今後の世界的展望を捉えるうえでもたいへん大事だということを強調しておきたいと思います。

今回の綱領改定の意義——半世紀余の闘争の歴史的経験を踏まえた「新しい踏み込み」

それでは、今回の中国に関わる綱領改定の意義はどこにあるか。

私は、大会での綱領報告のなかで、日本共産党が行ってきた「社会主義」を名乗る国の大国主義・覇権主義との闘争は、半世紀を超える歴史があるが、そのなかに今回の綱領一部改定を位置づけてみると、ここには「新しい踏み込み」があると強調しました。これはどういうことなのか。もう少し突っ込んでお話ししておきたいと思います。

〈これまでは〝社会主義（をめざす）国〟の中に生まれた誤りの批判として〉

わが党は、１９６０年代以降、ソ連と中国という「社会主義」を名乗る国の大国主義・覇権主義、人権抑圧への批判に取り組んできました。ただそれは、どれも相手が「社会主義国」だということは認めたうえで――当然の前提にして、その「社会主義国」の中に生まれた、社会主義の理念に反した誤りへの批判として行ったものでした。批判のなかで、わが党は、「社会主義国」であるかぎり、誤りはいずれ克服されるという大局的な期待も表明してきました。

ソ連との関係では、１９６０年代前半に始まる日本共産党への干渉攻撃、大国主義・覇権主義との長期にわたる闘争に取り組みました。１９６８年のチェコスロバキア侵略、１９７９年のアフガニスタン侵略などへの厳しい批判を行いました。ただこれらは、「社会主義国」の中に生まれた誤りへの批判として行ったものでした。１９７０年代に入って、ソ連が当時、自らを「発達した社会主義」と言ったのに対して、ソ連が誤った行動をとるのは「社会主義が世界史的にみれば生成期だからだ」と主張したこともありました。そういう立場での論争だったのです。１９９０年代初めにソ連が崩壊し、その後、わが党は、１９９４年の第２０回党大会で初めて、「ソ連は経済的土台でも社会主義とは無縁の社会だった」という結論を下しました。

中国との関係では、１９６０年代後半に始まる毛沢東による「文化大革命」の時期に開始された日本共産党への干渉攻撃、大国主義・覇権主義との闘争に取り組み、1989年の天安門で行われた血の弾圧にさいしては、「鉄砲政権党」という厳しい言葉も使って断固とした批判を行いましたが、これも「社会主義国」の中に生まれた誤りへの批判として行ったものでした。

それらの批判は、「社会主義である限り長い目で見れば誤りは克服される」という展望を込めての批判でした。1964年、ソ連共産党の干渉を全面的に批判した「ソ連共産党中央委員会の書簡に対する日本共産党中央委員会の返書」（1964年8月26日付）という歴史的文献があります。ソ連の干渉がいかに道理のないものかを全面的に批判しつくしたものですが、この「返書」は結びに「（両党）関係のこうした悪化が、世界の人民運動の偉大な前進の長い歴史からいえば、あくまで、一時的なものであることを信じてうたがいません」と、いずれは歴史によって誤りが克服されるという展望をのべました。

毛沢東がおこした「文化大革命」を全面的に批判した論文――「今日の毛沢東路線と国際共産主義運動」（1967年10月10日）でも、中国の大局的な前途について、誤りが克服されて中国に社会主義の大義がとりもどされる日がくることはまちがいないと強調しました。

先にお話ししたように1998年の日中両党関係の正常化のさいには、中国指導部は覇権主義的干渉を公式に反省するという態度をとりました。この時期は、中国の対外政策のさまざまな面で理性が発揮された時期だったというのは、中国をよく知る世界の識者が共通して見ているところです。しかし、こうした理性が発揮された時期は一時のものとして終わり、この10年余、大国主義・覇権主義の誤りが深刻な形で顕在化してきたことは、すでにのべてきた通りであります。

〈対外的に覇権主義の行動をとるものは、国内で社会主義をめざすと判断する根拠なし〉

今回の綱領改定は、これまでの批判とは違います。

中国に現れた大国主義・覇権主義、人権侵害を深く分析し、「社会主義をめざす新しい探究が開始」された国と見なす根拠はもはやないという判断を行ったのであります。そうした判断をした以上、〝社会主義をめざすかぎり長い目で見れば誤りは克服される〟という期待の表明も当然しておりません。

中国という「社会主義国」を名乗る国が現存するもとで、そういう判断をしたのは、「社会主義」を名乗る国の大国主義・覇権主義との闘争を始めて以来、今回が初めてのことであります。「新しい踏み込み」があると言ったのは、そういう意味であります。

なぜそうした「踏み込み」が可能になったのか。大会の綱領報告では、「そうした新しい踏み込みを可能にした根本」には、「自主独立の党としてのたたかいの歴史的経験と蓄積」があるとのべました（『前衛』特集号、80ページ）。

ここでのべた「歴史的経験」とは何か。端的に言いますと、〝対外関係において社会主義の道に背く大国主義・覇権主義の行動を多年にわたって行っているものは、その国の国内においても社会主義をめざしていると判断する根拠はなくなる〟ということです。

わが党は、ソ連覇権主義との闘争において、こうした「歴史的経験」を身をもって体験しました。対外的な覇権主義は、国内的な社会主義と無縁の専制主義と一体のものだった。このことを私たちは体験しました。そうした自主独立の党としての闘争の歴史的蓄積が、今回の判断を可能にしたということを、理性と勇気をもってこのたたかいに取り組んだ先輩たちへの敬意をこめて、強調したいと思うのであります。

国際的大義にたった批判をつらぬく

この綱領改定が、日本共産党に対する誤解や偏見を取り除くうえで大きな力を発揮することは、すでに全国のみなさんが実感しておられることだと思います。

同時に、私は、わが党がいま中国の誤った行動を批判しているのは、国際的大義にたってのものだということを二つの点で強調したいと思います。

〈世界の平和と進歩にとっての大義――公然とした批判は覇権主義への痛手に〉

第一は、世界の平和と進歩にとっての大義ということです。

大会の綱領報告でのべたように、すでに世界第二の「経済力」をもち、やがて米国を抜いて世界一になろうとしている中国に現れた大国主義・覇権主義は、世界の前途にとって、もはや座視するわけにいかない重大性をもつものです。

にもかかわらず、その誤りに対する国際的な批判が全体として弱いという問題があります。たとえばアメリカはどうでしょうか。アメリカによる中国批判は、香港や新疆ウイグル自治区などの人権問題に対する批判はありますが、大国主義・覇権主義への批判はありません。自分自身が、世界最大の覇権主義国ですから、他人のことを覇権主義と言えないわけであります。米国は、南シナ海などでの中国の横暴なふるまいを批判しますが、これも覇権主義という共通する立場にあるもの同士の、「覇権争い」という角度からのものであって、「覇権主義」という批判はありません。核兵器問題では、米中は、核保有大国として核兵器禁止条約に共同して反対しながら、核軍拡競争を進めるという関係にあります。

世界を見渡しても、政府として、中国に対する公然とした批判をする国は、ほとんど見あたりません。中国のふるまいへの批判はもちつつも、経済関係などを考慮して、言いたくても、なかなかモノが言えない状況に少なくない国があります。日本政府の場合は、そうした事情にくわえて、「あらゆる大国主義・覇権主義に対して屈従的」という独自の特徴がつけくわわって、いよいよもって弱く、追随《ついずい》的であります。

そういう状況のもとで、日本共産党が、冷静に、事実と道理にもとづいて、公然とした批判を行うことは、覇権主義への痛手となっており、国際的にも大きな意義があるものであり、世界の平和と進歩への貢献となると確信するものです。先ほど紹介した中国大使との会談でも、大使は、大国主義・覇権主義への批判について、「削除してほしい」、「公にしないでほしい」ということを求めたわけですが、それは、公然とした批判が覇権主義にとって痛手だからです。中国に対して批判的見地をもちつつも、公然とは批判できない国ぐにから、わが党の今回の綱領改定について、共感と賛同が寄せられているということも報告しておきたいと思います。

〈日中両国の真の友好にとっての大義――排外主義、歴史修正主義に厳しく反対する〉

第二は、日中両国、両国民の真の友好にとっての大義ということです。

大会の綱領報告では、中国の誤りに対する批判を行うが、そのさい「三つの姿勢を堅持する」と表明いたしました。

第一に、中国の「脅威」を利用して、軍事力増強をはかる動きには断固として反対します。

第二に、中国指導部の誤った行動を批判しますが、「反中国」の排外主義をあおりたてること、過去の侵略戦争を美化する歴史修正主義には厳しく反対をつらぬきます。

そして第三は、わが党の批判は、日中両国、両国民の本当の友好を願ってのものだということであります。

この表明は、全党から強い共感をもって受け止められました。わが党の批判は、日本の右翼反動派による中国攻撃――排外主義と歴史修正主義に立った中国攻撃とは、まったく立場を異にするものであるということを、強調しておきたいと思います。

世界の平和と進歩にとっての大義、日中両国、両国民の真の友好にとっての大義――二つの大義をしっかりとにぎって、中国に向き合っていきたいと思います。

三、植民地体制の崩壊を「構造変化」の中心にすえ、21世紀の希望ある流れを明記した

講義の第三章に入ります。

冒頭でお話ししたように、中国に対する綱領上の規定の見直しの何よりもの大きな意義は、それが綱領全体に三つの点で「新たな視野」を開くものとなったことにあります。

その第一は、植民地体制の崩壊を、20世紀に進行した「構造変化」の中心であることを綱領に明記するとともに、その生きた力の発揮として21世紀の希望ある流れを明らかにしたことであります。

改定前の綱領の〝二つの構造変化が起こった〟という組み立てを見直した

〈改定前の綱領――「世界の構造変化」を二つの角度で整理〉

2004年の綱領改定における世界情勢論は、どのような組み立てになっていたでしょうか。2004年1月の第23回党大会で行われた綱領改定についての中央委員会報告では、綱領の世界情勢論について、「世界の構造の変化」という角度から整理して、次のようにのべていました。

「第一の角度は、植民地体制の崩壊が引き起こした変化であります。改定案は、二〇世紀の変化の第一に、植民地体制の崩壊をあげています。大事なことは、このことが、世界の構造の全体にかかわる大きな変化・変動を生み出したことであります」

「第二の角度は、二つの体制の共存という関係からみた世界構造の変化であります。資本主義が世界を支配する唯一の体制だった時代から、二つの体制が共存する時代への移行・変化が起こったのは二〇世紀であり、そのことは、二〇世紀の最も重要な特質をなしました。しかしこの時代的な特徴は、ソ連・東欧での体制崩壊で終わったわけではけっしてありません。むしろ二つの体制の共存という点でも、新しい展開が見られるところに、二一世紀をむかえた世界情勢の重要な特徴があります。……それ（社会主義をめざす新しい探究――引用者）が、経済的にも、外交的にも、二一世紀の世界史の大きな意味を持つ流れとなってゆくことは、間違いないでしょう」（『前衛』第23回党大会特集号、35～36ページ）

こうした世界情勢論をのべていました。この整理は、改定前の綱領の組み立てにそくした解明でした。ここでのべられている「第一の角度」は綱領第7節の解説として、「第二の角度」は綱領第8節の解説として行われたものでした。

〈「二つの体制の共存」という世界論にピリオドを打った点でも画期的意義〉

しかし、中国に対する綱領上の規定の見直しにともなって、「二つの体制の共存」という世界論・時代論自体がもはや成り立たなくなりました。

そこで今回の改定では、綱領第8節から、そうした立場にたった記述――「資本主義が世界を支配する唯一の体制とされた時代は、一九一七年にロシアで起こった十月社会主義革命を画期として、過去のものとなった」――、「二つの体制の共存」する時代という立場にたった記述を削除しました。

さらに、第8節のソ連論の綱領上の位置づけを見直して、第7節の20世紀論を補足する節として――言い換えますと過去の歴史の問題として――、位置づけました。これらは、8中総の提案報告でのべた通りであります。

私は、今回の綱領改定は、「二つの体制の共存」という長年続けてきた世界論に文字通りのピリオドを打ったという点でも画期的意義をもつものとなったと考えます。

それは、〝二つの構造変化が起こった〟という、改定前の綱領の20世紀から21世紀にかけての世界史の見方も抜本的に見直すものとなりました。

20世紀の巨大な変化の分析に立って、21世紀の発展的展望をとらえる

「二つの体制の共存」論にピリオドを打ったと言いますと、「寂しい」と思われる方もおられるかもしれませんが、こうした世界論の抜本的見直しは、決して「寂しい」話ではありません。それは、綱領に画期的な「新たな視野」を開くものになりました。

〈世界論の抜本的な見直しによって、世界の見晴らしがグーンとよくなった〉

なぜなら、改定前の綱領の〝二つの構造変化が起こった〟という組み立てでは、今日では、21世紀の世界の発展的展望がよく見えてこないという問題がありました。

第23回党大会の綱領問題についての中央委員会報告でのべた「第一の角度」の構造変化——植民地体制の崩壊は、21世紀に入って生きた力を大いに発揮しています。ここからは、大きな展望がよく見えてきます。しかし、「第二の角度」の構造変化——「二つの体制の共存」への移行・変化は、21世紀に入って「世界史に大きな意味をもつ流れ」をつくるものとはなりませんでした。こちらのほうは展望が見えてこないのです。

「二つの体制の共存」という世界論にピリオドを打ったことによって、「第一の角度」の構造変化——すなわち、植民地体制の崩壊が、20世紀の「世界の構造変化」の文字通り中心にドンとすわることになりました。そして、21世紀を、この偉大な変化が、平和と社会進歩を促進する生きた力を発揮しつつある世紀になっていると、すっきりと描き出すことができるようになりました。世界の見晴らしがグーンと良くなった。これが改定作業を進めた実感であります。

〈改定の具体的な内容――人権の問題を補強し、２１世紀の希望ある流れを明記した〉

この問題にかかわる綱領改定の具体的内容としては、次の二つの改定を行いました。

第一に、綱領第7節「２０世紀の世界的変化と到達点」の改定としては、２０世紀に起こった世界的な変化の内容として人権の問題を補強するとともに、植民地体制の崩壊を「世界の構造変化」と綱領上も明記し、２０世紀に起こった三つの世界的な変化――植民地体制の崩壊、民主主義と人権の発展、平和の国際秩序――の全体について立体的に把握できるようにしました。

人権の問題を綱領で補強したことは大きな意義をもちます。民主主義と人権は深い関係がありますが、違いもあります。民主主義というのは国家の一つの形態です。人権というのは国家と個人の関係の問題であり、国家権力から個人の自由、個人の尊厳を守るものが人権であります。この補強は、２０世紀から２１世紀にかけて国際的な人権保障の豊かな発展があり、人権問題がいよいよ重要な国際問題になっていることにてらしても、大きな実践的意義をもつものであります。国際的な人権保障の歴史的発展については、私が行った『綱領教室』（新日本出版社、２０１３年刊）の第6回（第2巻）で詳しくお話をしておりますので、参考にしていただければと思います。

第二は、綱領に第9節を新設し、植民地体制の崩壊という「世界の構造変化」が、２１世紀の世界にどのような変化をもたらしているのかについて、新たに書き下ろしました。「21世紀とはどんな時代か」についての総論をのべたうえで、核兵器禁止条約、平和の地域協力、国際的な人権保障の発展の3点で、21世紀の希望ある新しい流れを具体的に明記しました。

こうして、中国に関する規定の削除によって、改定綱領は、20世紀の人類史の巨大な変化の分析に立って、21世紀の発展的展望をとらえるという立場を、すっきりと、かつ徹底的につらぬくことができるようになりました。「人民のたたかいが歴史をつくる」というわが党がよってたつ世界観――科学的社会主義、史的唯物論の立場が、より明確な形でつらぬかれる世界論となったと思います。

一握りの大国から、世界のすべての国ぐにと市民社会に国際政治の主役が交代した

綱領第9節の内容に入っていきます。

綱領第9節では、冒頭に、「21世紀とはどんな時代か」についての総論をのべています。「二〇世紀に起こった世界の構造変化は、二一世紀の今日、平和と社会進歩を促進する生きた力を発揮しはじめている」とのべるとともに、21世紀の新しい世界の姿について、総論として、次の

ように描き出しました。

「一握りの大国が世界政治を思いのままに動かしていた時代は終わり、世界のすべての国ぐにが、対等・平等の資格で、世界政治の主人公になる新しい時代が開かれつつある。諸政府とともに市民社会が、国際政治の構成員として大きな役割を果たしていることは、新しい特徴である」（本書、168ページ）

〈「小さな国」が堂々と活躍し、「大きな存在感」を発揮している〉

この特徴づけは、国際情勢の分析とともに、日本共産党が取り組んできた野党外交の強い実感に裏付けられたものです。

2017年の3月と7月、私は、日本共産党代表団の団長として、歴史的な核兵器禁止条約を生み出した国連会議に参加する機会がありました。世界の巨大な変化として2つの点を実感しました。

一つは、国際政治の主役交代ということです。この会議を議長として歴史的成功に導いたのは、コスタリカの外交官――エレン・ホワイトさんでした。この会議で重要な役割を発揮したのは、メキシコ、オーストリア、コスタリカ、アイルランドなどの国ぐにでした。「小さな国」が実に堂々と活躍し、「大きな存在感」を発揮していたことが印象的でした。国家のグループとしては、非同盟諸国、東南アジア諸国連合（ASEAN）、中南米カリブ海諸国、アフリカ連合（AU）など、途上国・新興国が果たした役割は決定的に大きなものがありました。

反対に、米国をはじめとする核保有大国は追い詰められ、米国の国連大使らは、会議をボイコットし、議場の外で反対のデモンストレーションを行いました。これはいかに彼らが核兵器禁止条約を恐れているかを、自らの行動で証明したものとして、私たちは参加していて逆に痛快な思いがしたものでした。この光景は、国際政治における主役交代を象徴的に示すものとなったと思います。

「世界の構造変化」によって国際政治の主人公になった国ぐにが、核兵器大国の抵抗を抑えて、歴史的条約を成立に導いたのであります。

〈市民社会の果たしている役割が、かつてなく大きなものとなっている〉

いま一つの実感は、市民社会の果たしている役割が、かつてなく大きなものになっているということです。とりわけ被爆者の証言は、会議参加者に衝撃的な感銘を与え、日本被団協（日本原水爆被害者団体協議会）事務局次長の藤森俊希《としき》さん、カナダ在住の被爆者・サーロー節子さんの演説には、会場から割れんばかりの拍手がわき起こりました。「被爆者の訴えが世界を動かした」――これが国連会議に参加しての私たちの実感でした。3月の会議では、一日15分間、市民社会代表の演説の枠が設けられました。さらに会議では、インタラクティブ・ダイアローグ

核兵器禁止条約の採択が決まった歓喜の中で握手を交わす被爆者＝2017年7月7日、ニューヨーク（池田晋撮影）

（相互対話）という討論方式もとられました。研究者、科学者、市民社会の専門家がパネリストとなり、その意見や提案をまず聞いてから、政府代表や市民社会代表が議論を深めるという方式です。日本からは長年核兵器廃絶に草の根から取り組み、国際的にもその役割が高く評価されている日本原水協（原水爆禁止日本協議会）の代表が、演説を行いました。私も、市民社会の代表の一人として、短いものですが、国連で初めて公式に演説をすることができました。

７月７日、核兵器禁止条約が賛成１２２と圧倒的多数で採択された直後、多くの政府代表が市民社会代表への賛辞をのべました。エジプト代表がのべた次の情熱的な賛辞は、会議参加者の共通の思いだったと感じました。

「この歴史的成果は、市民社会の積極的参加抜きにはありえませんでした。市民社会は通常、会議場の後ろに座り、発言は政府代表の後に許されてきま

2017年３月29日、ニューヨークの国連本部で開かれた「国連会議」で演説する志位委員長（遠藤誠二撮影）

した。しかし、核兵器廃絶への情熱的な献身は、最前列で敬意を表されるべきものです。その努力を称賛したい」

核兵器禁止条約は、世界の諸政府と市民社会が、文字通り肩を並べ、協力してつくりあげた歴史的壮挙だと思います。この条約成立のうえで、広島・長崎の被爆者を先頭とする日本の原水爆禁止運動の果たしてきた歴史的役割は、きわめて大きなものがあります。そこには、２１世紀の希望ある新しい姿が生きいきと現れました。改定綱領の記述は、こうした世界の激動的姿、そして私たち自身の体験を踏まえたものであるということを、強調したいと思います。

核兵器禁止条約――ＮＰＴ（核不拡散条約）という枠組みの性格が大きく変わった

綱領第9節は、２１世紀の希望ある新しい流れの第一に、核兵器禁止条約の成立をあげています。

核兵器禁止条約は「世界の構造変化」とどういう関係にあるのか。この問題について、私は、8中総の提案報告では、戦後の核兵器問題の国際交渉の歴史という角度から解明しました。さらに、大会の綱領報告では、昨年（2019年）11月のローマ教皇の来日と発言という角度から解明しました。

今日の講義では、「NPT（核不拡散条約）という枠組みの性格が大きく変わった」という角度からこの問題について考えてみたいと思います。

〈戦後の歴史に前例を見ない差別的で不平等な条約〉

1968年に調印され、70年に発効した核不拡散条約――NPTは、もともとは、アメリカ、ソ連、イギリスに加えて、フランス、中国が独自に核実験を行うという事態に懸念を募らせた米ソ両国が主導してつくったものでした。

いまNPT再検討会議と言いますと、〝核兵器廃絶のための会議〟というようなイメージがあり、日本からも5年ごとにこの会議が行われるニューヨークの国連本部に、たくさんのみなさんが出かけて成功のためにさまざまな行動をします。私も全国にうかがいますと、「志位さん、私もNPTに行ってきました」と言われる方によく出会います。

しかし、もともとは、NPTという枠組みは、五つの大国だけに核兵器保有の権利を独占的に保障して、他の国は核兵器保有を禁止するという、戦後、前例を見ない差別的で不平等な条約でした。

日本共産党は、NPTがつくられたさいに、次のように糾弾しています。

「『核拡散防止』という美名のもとで、非核保有国の核開発だけを禁止し、アメリカ帝国主義のいっそう新型の核兵器の開発、その核軍備の大拡張と核兵器の他国へのもちこみをはじめとする核戦略の展開に、なんら制限をくわえない不平等条約」(「赤旗」主張、1967年3月12日付)

さらに、1995年にNPTが無期限延長されたさいに、わが党は、次のように厳しい抗議を表明しています。

「(無期限延長は、——引用者)五つの核兵器保有国に核戦力の独占保有を永久的に保障するという、いわば、核兵器保有国の集団的な覇権主義とでもいうべき内容のもの」(1995年8月4日、不破哲三委員長〈当時〉の国会議員団総会でのあいさつ)

矛盾に満ちた差別条約への批判は当然の正当なものでした。しかし、それでも国際社会はこの条約を認めていきました。それはなぜか。条約第6条に「(核保有国は)核軍備縮小・撤廃のために誠実に交渉を行う」ことが明記されていたからです。このことを核保有国が約束していたから、世界はこの枠組みを認めていきました。

しかし、核保有国は、この約束を裏切り続けました。核軍拡競争は1980年代中頃にはピークを迎え、一時は6万発を超える核兵器が蓄積されるまでに危機が深まりました。他方、新たな核保有国が広がりました。とくに1998年に、インドとパキスタンが核実験を行ったことは、NPT体制そのものの矛盾と破綻《はたん》を深刻な形で示すものとなりました。

〈条約第6条を生かして「核兵器のない世界」に進もうという流れの発展〉

こうしたもと、条約第6条を生かして「核兵器のない世界」に進もうという機運が広がります。非同盟諸国が中心となって、1990年代後半、国連総会で「期限を切った核兵器廃絶」を緊急の課題とする決議が採択されるなどの動きが発展しました。

こうしたもと2000年のNPT再検討会議では、核保有国に「自国核兵器の完全廃絶」を約束させた最終文書を全会一致で採択しました。核保有国に条約第6条の約束を果たすということを認めさせたのです。

さらに2010年のNPT再検討会議では——私たち日本共産党も代表団を派遣して成功のための活動を行いましたが——、「核兵器のない世界を達成し維持するために必要な枠組みを確立するための特別の取り組みをおこなう」ことを最終文書にもりこむという大きな成果を得ました。「核兵器のない世界」のための「必要な枠組み」とは何か。明示こそされていませんが核兵器禁止条約のことです。そのことは、再検討会議で議長をつとめたフィリピンの外交官・カバクチュランさんが、「２０１０年のＮＰＴ再検討会議は、陰《かげ》に隠れていた核兵器禁止条約を明るみに出して焦点をあてた」（２０１０年8月、さいたま市での国連軍縮会議第２２回会合）とはっきりとのべていることとです。最終文書採択の最後の局面で、核兵器固執勢力の抵抗があって、核兵器禁止条約という言葉こそ明示されませんでしたが、ここまで前進したのです。これが２０１０年のことでした。

この到達点を力にして、２０１２年の国連総会で、「核兵器のない世界の達成と維持のための多国間の核軍縮交渉」を前進させるための「公開作業部会」を設立することが採択されました。ここで「公開作業部会」（オープン・エンデッド・ワーキング・グループ＝ＯＥＷＧ）という交渉の枠組みが初めて登場してきます。

それに続く２０１５年の5月、ＮＰＴ再検討会議が行われ、この時は、中東非核化問題が理由で、最終文書案は採択にいたらなかったのですが、そのなかには、こういう一文が盛り込まれていました。「法的条文……を含め、第6条の完全な実施のための効果的な措置を特定・策定するための公開作業部会を設置」する。「法的条文」——「核兵器のない世界」のための法的な枠組みという言葉が初めて登場します。

それを受けて、この年の２０１５年１２月の国連総会で、「核兵器のない世界の達成と維持」のための「効果的な法的措置について実質的に取り上げる公開作業部会」の設置が決定されました。

この総会決定にもとづき「公開作業部会」が設置され、議論を重ねていきます。そしてその結論として、2016年8月、「公開作業部会」は、「核兵器の完全廃棄につながる、核兵器の禁止のための法的拘束力のある文書を交渉するための会議」を、2017年に開催するよう、国連総会に勧告しました。

これを受けて、2016年12月、国連総会は、「核兵器を禁止し、全面廃絶にいたる法的拘束力のある協定について交渉する国連会議」を、2017年3月と6~7月に開催することを決定しました。

こうして国連会議が2017年に開催されました。そして、歴史的な核兵器禁止条約の成立が実現したのであります。

〈最悪の差別的な条約から、核兵器禁止条約という〝宝石〟がつくられた〉

この全経過は、NPTという、戦後、前例を見ない差別的で不平等な条約のなかから、核兵器禁止条約という人類にとって〝宝石〟のような条約が生みだされたことを示していると思います。「世界の構造変化」の力、核兵器廃絶を求める世界の草の根からの人民のたたかいの力によって、NPTという枠組みの性格が大きく変わったのであります。

よく「核兵器禁止条約はＮＰＴと矛盾し、ＮＰＴ体制を危険にさらす」という核兵器固執勢力からの攻撃があります。しかしことの真実は反対であります。核兵器禁止条約は、ＮＰＴのはらんでいた矛盾を、「核兵器のない世界」の実現という方向で解決するものにほかなりません。

核兵器禁止条約は、核兵器廃絶に向けた一歩であり、核兵器固執勢力とのたたかいは続きます。世界の人民のたたかいの力で、ここまで相手を追い詰めてきたことに深い確信をもって、「核兵器のない世界」への取り組みをさらに発展させようではありませんか。

平和の地域協力の流れ――東南アジアとラテンアメリカの現状と展望

綱領第９節は、２１世紀の希望ある新しい流れの第二として、「東南アジアやラテンアメリカで、平和の地域協力の流れが形成され、困難や曲折を経ながらも発展している」（本書、１６８ページ）ことを明記しています。

綱領では、この二つの地域に共通する特徴として、紛争の平和的解決、大国支配に反対して自主性をつらぬく、非核地帯条約を結び核兵器廃絶の世界的な源泉となっている――この３つの点をあげています。

私は、8中総の提案報告で、平和の地域協力の流れについて、「世界の構造変化」との関係で、その意義について概略的にのべました。ただ、大会の綱領報告では、報告の全体の時間も考えて、触れる機会がありませんでした。そこで今日は、少し踏み込んで、この流れについてお話ししておきたいと思います。

〈東南アジア諸国連合（ASEAN）の成功――「話し合いを続けること」〉

綱領は、この二つの地域のなかでも、東南アジア諸国連合（ASEAN）を、次のように特記しています。

「とくに、東南アジア諸国連合（ASEAN）が、紛争の平和的解決を掲げた条約を土台に、平和の地域共同体をつくりあげ、この流れをアジア・太平洋地域に広げていることは、世界の平和秩序への貢献となっている」（本書、168～169ページ）

わが党は、1999年に野党外交の新しい方針を決定した後、東南アジア――マレーシア、シンガポール、ベトナムを最初の訪問地にしました（団長・不破委員長〈当時〉）。私自身、東南アジアを何度も訪問し、そのたびにASEANの実践に直接接し、平和の激動がこの地で起こっていることに、目を見張る思いでした。綱領には、わが党の野党外交の経験が、ここでも反映されています。

ＡＳＥＡＮがいかに大きな成功をかちとったかは、この地域を長期的・歴史的視点で捉えるとよくわかります。「ローマは一日にして成らず」ということわざがあります。ローマ帝国をつくるには何百年もかかった、大事をなすには時間がかかるということわざですが、私は、「ＡＳＥＡＮは一日にして成らず」――長い歴史の積み重ねがあることを、今日は紹介したいと思うのです。

１９６７年、ＡＳＥＡＮが五つの国で創設された当時の東南アジアの状況は、まさしく「分断と敵対」に支配されていました。ベトナムは分断国家とされ、世界一の超大国・アメリカによる侵略戦争とのたたかいのさなかにありました。東南アジア域内の多くの国が、戦争、干渉、外交紛争、国境・領土紛争などを抱え、域内１０カ国は分断と敵対に覆われていました。戦火の絶えない日々が続いていました。

そのさなかに生まれたＡＳＥＡＮが掲げた理念は、「平和、自由（外部からの独立）、繁栄。それを理解と協力で実現する」ということでした。マレーシアのマハティール元首相は、２０１０年８月、「しんぶん赤旗」のインタビューでこう語っています。

「ＡＳＥＡＮは結成当時、……戦争を避けるための国家グループでした。……互いに脅したり、侵略しあうのでなく、一緒にテーブルについて問題を解決するほうがよいと考え、ＡＳＥＡＮは結成されたのです。ＡＳＥＡＮはどんな問題でも、軍事的な行動をとらず、交渉を通じて解決するように努力してきました。……話し合いを続けることは、対立することよりもよい

ＡＳＥＡＮ事務局を訪問した志位委員長（右）と笠井衆院議員＝2013年９月26日、ジャカルタ（面川誠撮影）

ことです」（同紙、同年9月12日付）

たいへんにシンプルな言い方ですけども、私は、ここにＡＳＥＡＮの精神の真髄《しんずい》が語られているように思います。

どんな問題でも、「交渉を通じて解決する」、「話し合いを続ける」――この精神は、ＡＳＥＡＮが１９７６年に結んだ東南アジア友好協力条約（ＴＡＣ）によって、この地域の平和のルールとなり、さらにＡＳＥＡＮと域外の諸国との平和のルールとして発展していきました。

私は、２０１３年、インドネシアのジャカルタにあるＡＳＥＡＮ事務局を訪問したときのやりとりが、たいへんに印象深く残っています。私が「ＡＳＥＡＮの成功の秘訣《ひけつ》は何ですか」と尋ねたところ、「話し合いを続けることです」という答えが返ってきました。聞きますと「ＡＳＥＡＮは域内で、さまざまなレベルで年間１０００回の会合をやっている」とのことでした。年間1000回といいましたら、1年で365日ですから、毎日平均して3～4回という頻度《ひんど》でいろいろなレベルの会合をやっていることになります。それだけの話し合いを続けていれば、相互理解が進み、相互信頼が進みます。そうなればたとえ紛争が起こっても戦争にはなりません。私は、この話を、大きな感動をもって聞きました。

実は、ASEAN自体は強力な機構ではありません。TAC自体も強力な条約ではありません。それでも忍耐強く、「話し合いを続ける」ことによって、「おしゃべりの場にすぎない」などという中傷や批判を浴びながらも、〝一挙に〟というより、ほとんど〝いつのまにか〟、東南アジアを、「分断と敵対」の地域から、「友好と協力」の地域へと変貌《へんぼう》させました。よくASEANについて、劇的に地域の情勢を変えたというような言い方をされることもありますが、劇的にというより、話し合いを積み重ねていったら、〝いつのまにか〟「平和と協力」の地域に変わっていったというのが、実態に近いのではないかと思います。

ASEANは、今も大国からの干渉の動きや、さまざまな困難に直面していますが、それを乗り越えてしなやかに団結を保ち、発展をとげています。そして2019年のASEAN首脳会議が「ASEANインド太平洋構想」を採択したことは、注目すべき動きです。ASEANの事務局のあるインドネシアまで行きますと、東を見れば太平洋、西を見ればインド洋が見えてくる。両方が見えるのです。東南アジアで起こった平和の動きを、広大なインド太平洋全体に広げようという壮大な提唱を行っているのであります。

わが党は、東南アジアで起こっている平和の流れに学んで、この流れを北東アジアに広げようと、2014年の第26回党大会で、「北東アジア平和協力構想」を提唱しました。考えてみますと、ASEANが実践している「どんな問題も交渉を通じて解決する」という精神は、日本国憲法第9条の精神そのものではないでしょうか。日本こそ、北東アジアに平和と協力の枠組みをつくる先頭に立つべきだということを、強調したいと思います。

〈ラテンアメリカ――逆行や複雑さを直視するとともに、長い視野で展望をつかむ〉

ラテンアメリカの動きをどう見るか。ラテンアメリカについては、現在生じている逆行や複雑さを直視するとともに、この地域で起こっている平和と進歩の流れの発展を、長い視野に立ってつかむことが大切だと考えます。

わが党は、この地域で対米自立と平和の流れが強まるもと、2011年、中南米カリブ海諸国共同体(CELAC)が設立されたことを評価し、注目してきました。

しかし、この間、深刻化したベネズエラ危機によって、この地域に分断がもたらされ、コンセンサス(合意)方式をとるCELACは事実上の機能停止に陥っています。ベネズエラ問題については、わが党は、2019年2月、声明「弾圧やめ人権と民主主義の回復を――ベネズエラ危機について」を発表し、「マドゥロ体制」によって引き起こされた人道危機、人権侵害を厳しく批判しました。その後も、危機は深刻化し、現在では481万人、人口の15％が国外に脱出するという事態に陥っています。この問題をめぐって、ラテンアメリカに分断がもち込まれ、その前途は予断をもって言えない状況にあります。

同時に、大局で捉えますと、この地域が「核兵器のない世界」にむけて、きわめて積極的な役割を果たしているという事実には、いささかの変わりもありません。すでにラテンアメリカの33の国のうち、28の国が核兵器禁止条約に署名し、17の国は批准しました。この大陸で生まれた世界で初めての非核地帯条約――トラテロルコ条約が成立して53周年になる今年、2月14日に発表された声明は、この条約がこの地域で50年以上にわたって核兵器禁止を保証し、核保有大国にも順守されてきたことを強調し、核兵器の全面的な廃絶を実現する決意を表明しています。私も、核兵器禁止条約の国連会議に参加したさいに、ラテンアメリカの国ぐにが、政権の政治的立場の違いを超えて、この点では、強固にまとまって行動していたことを非常に鮮明に記憶しています。

また、かつてこの地域は、「米国の裏庭」とよばれていました。アメリカは、自由勝手に侵略や干渉をしたり、CIA（アメリカの中央情報局）の工作で政権を転覆するなどを、日常茶飯事のようにやっていました。こうした「米国の裏庭」と言われた地域から、自主的な国づくりへの転換という流れも変わりません。だいたい核兵器禁止条約の推進そのものが、米国の脅しに屈しない自立の流れを示しています。ラテンアメリカにおいて、「保守政権」「右派政権」＝対米従属という図式は、もはや過去のものになっているのです。政権の政治的立場の違いを超えて、対米自立の流れは地域全体が共有する流れとなっています。

さらに、もう一つ言いますと、先ほどのべたベネズエラ問題をめぐって、トランプ大統領がしばしば「すべての選択肢がテーブルの上にある」と、軍事介入を選択肢の一つとするとのべたことに対して、中南米カリブ海諸国は、これも政権の政治的立場にかかわりなく、軍事介入をきっぱり拒絶し、軍事的な解決はありえないと繰り返し強調しています。米国による軍事介入を排し、地域の問題を自分たち自身の手で平和的に解決するという流れも、政権の政治的立場の違いを超えて共有されています。

これらのこの大陸で起こっている流れの大局的な認識のうえにたって、改定綱領には、平和の地域協力の流れの一つとして、「ラテンアメリカ」を明記しました。

〈「平和の地域協力の流れ」と「平和の地域共同体」――発展段階の違いを考慮して〉

ただその発展段階は、先ほど紹介したＡＳＥＡＮとはだいぶ異なっています。ＡＳＥＡＮの方は長年にわたる努力の積み重ねによる〝年季〟が入っています。ラテンアメリカの方は、まだいろいろな逆行や試行錯誤、複雑さをはらんだ動きです。その発展段階の違いは区別して見ておく必要があります。

綱領の書きぶりも、東南アジアとラテンアメリカをひとくくりでのべる場合には、「平和の地域協力の流れ」という言い方をしておりますが、ＡＳＥＡＮを単独でのべる場合には、「平和の地域共同体」という言い方をしております。そのように、綱領の表記の面でも書き分けてあるわけですが、発展段階の違いを見ながら、同時に、この二つの地域で起こっている流れには、共通する平和と進歩の法則的方向が現れていることをつかむことが、重要だと考えるものです。

私は、８中総の提案報告で、ラテンアメリカについて、「わが党は、この大陸で生まれた平和の地域協力の流れが、ベネズエラ危機をのりこえて発展することを、心から願う」と表明しました（『前衛』特集号、５０ページ）。こうした立場で、この大陸での平和と社会進歩への動きを、長い視野にたって見ていきたいと思います。

国際的な人権保障の発展――ジェンダー平等について

綱領第９節は、２１世紀の希望ある新しい流れの第三として、国際的な人権保障の新たな発展について、次のように明記しました。

〈普遍的な人権保障の取り決めを土台に、さまざまな分野で国際条約・宣言が〉

「二〇世紀中頃につくられた国際的な人権保障の基準を土台に、女性、子ども、障害者、少数者、移住労働者、先住民などへの差別をなくし、その尊厳を保障する国際規範が発展している」

ここでのべている「二〇世紀中頃につくられた国際的な人権保障の基準」とは、1945年の国連憲章、1948年の世界人権宣言、1966年の国際人権規約など、普遍的・包括的な取り決めのことであります。それを土台にして、さまざまな分野で差別をなくし、尊厳を保障する一連の国際条約や宣言が採択されてきました。綱領のこの規定は、国連自身の次のような説明を踏まえたものです。

「この法体系（人権法――引用者）の基礎をなすのが、総会が1945年と1948年にそれぞれ採択した『国連憲章』と『世界人権宣言』である。それ以来、国連は漸次人権法の拡大をはかり、今では女性、子ども、障害者、少数者、移住労働者、その他の脆弱《ぜいじゃく》な立場にある人々のための特定の基準を網羅するまでになった。こうした人々は、それまでの長い間多くの社会で一般的であった差別から自分自身を守る権利を持つようになった」（国際連合広報センターのホームページにある「主な活動」の「人権」より）

こうした発展を生み出した力は、全世界の草の根からの運動にありますが、植民地体制の崩壊という「世界の構造変化」は、この面でも大きな積極的影響を及ぼしていることは、8中総の提案報告でのべた通りであります。

〈ジェンダーを正面から真剣に議論した初めての大会に〉

そのうえで、改定綱領は、ジェンダー平等について、次のように明記しました。

「ジェンダー平等を求める国際的潮流が大きく発展し、経済的・社会的差別をなくすこととともに、女性にたいするあらゆる形態の暴力を撤廃することが国際社会の課題となっている」（本書、169ページ）

さらに改定綱領は、綱領第4章の「民主的改革の主要な内容」のなかで、「ジェンダー平等社会をつくる」、「性的指向と性自認を理由とする差別をなくす」ことを新たに明記いたしました。この改定は大きな積極的反響を呼んでいます。党大会の討論でも、ジェンダーが正面から論じられました。大会の結語でものべたように、第28回党大会は、「人類の進歩にとってきわめて重要なこの問題を、正面から真剣に議論した初めての大会となったという点でも歴史的大会になった」（『前衛』特集号、102ページ）と言えると思います。

8中総の提案報告では、国際的な人権保障の発展という角度から「ジェンダー平等を求める国際的潮流の発展」についての概略的な解明を行いました。大会の綱領報告では、全党討論を踏まえて、いくつかの解明を行いました。今日は、それらを踏まえて、さらに、「そもそも論」的な問題を突っ込んでお話ししたいと思います。

〈ジェンダーとは何か――「政治的につくり、歴史的に押し付けてきたもの」〉

第一は、ジェンダーとは何かということです。

大会の綱領報告では次のようにのべました。

「ジェンダーとは、社会が構成員に対して押し付ける『女らしさ、男らしさ』、『女性はこうあるべき、男性はこうあるべき』などの行動規範や役割分担などを指し、一般には『社会的・文化的につくられた性差』と定義されていますが、それは決して自然にできたものではなく、人々の意識だけの問題でもありません。時々の支配階級が、人民を支配・抑圧するために、政治的につくり、歴史的に押し付けてきたものにほかなりません」（同前、84ページ）

ここで言う「『女性はこうあるべき、男性はこうあるべき』などの行動規範や役割分担」とはどういうことか。「行動規範や役割分担」というと、難しいと思う方もいらっしゃるかもわかりませんが、たとえば、「男は外で働き、家族を養う。女は家を守り、家事をやる。これが当たり前」。これはジェンダーです。それから、「男の子はやんちゃで活発な方がいい。女の子はおしとやかでおとなしいほうがいい」。これもジェンダーです。それから、「結婚したら男の姓になるのが当たり前」。これもジェンダーです。さらに、「女は〝女ことば〟を使うのが当たり前。丁寧な言葉遣いをしなくちゃだめ」。これもジェンダーです。

いわば、シャワーのように日々降り注ぎ、呪文《じゅもん》のように繰り返されて、私たちの行動のあり方、価値判断、役割分担などを、無意識のうちに左右し、縛っている。そういう意味で、「社会的・文化的につくられた性差」と言われているわけです。

それではこれは自然現象か。そうではありません。先ほど引用した綱領報告の一節の後半では、ジェンダーについて、「それは決して自然にできたものではなく、人々の意識だけの問題でもありません。時々の支配階級が、人民を支配・抑圧するために、政治的につくり、歴史的に押し付けてきたもの」だとのべています。ここが大切なところだと考えます。

〈日本のジェンダー差別の根っこ①——明治の時期に強化された差別の構造〉

「自然にできたものではない」ということは、日本でジェンダー差別がどうしてつくられてきたかを歴史的に考えてみると、よくわかると思います。私は、そこには、政治的・歴史的な根っこが二つあると思います。

一つは、明治の時期に強化された差別の構造です。

１８９０年につくられた「教育勅語」というのがあります。天皇が、当時、「臣民」とされていた国民に対して、「勅語」という形で、さまざまな「徳目」を命令の形で言っているものです。ここには１２の「徳目」が列挙されていますが、すべての「徳目」は、「一旦緩急《いったんかんきゅう》アレハ義勇公《こう》ニ奉《ほう》シ、以《もっ》テ天壌無窮《てんじょうむきゅう》ノ皇運《こううん》ヲ扶翼《ふよく》スヘシ」――〝ひとたび重大事態があれば天皇のために命を投げ出せ〟というところにつながってきます。国民を戦争に動員する恐るべき役割を果たしたもので、戦後、排除・失効となったものです。

そうした１２の「徳目」の三つ目に、「夫婦相和《あいわ》シ」とあります。これはどういう意味か。ただ単に「夫婦仲良く」という意味なのか。そうであったとしても、それを天皇に言われたくはありません。しかしこれはそういう意味ではありません。公式の解説書『勅語衍義《えんぎ》』にはこうあります。

「夫たるものは、妻を愛撫《あいぶ》して、もってその歓心を得べく、また妻たるものは、夫に従順にして、みだりにその意思にもとらざらん（逆らわない）ことを務むべし」

「妻はもともと体質孱弱《せんじゃく》（弱いこと）にして、多くは労働に堪えざるものなれば、夫はこれを憐《あわれ》み、力を極めてこれを扶《たす》け、危難《きなん》に遇《あ》いては、いよいよこれを保護すべく、また妻はもともと智識才量多くは夫に及ばざるものなれば、夫が無理非道を言わざる限りは、なるべくこれに服従してよく貞節《ていせつ》を守り、みだりに逆らう所なく、始終苦楽を共にする」（国会図書館デジタルコレクションの井上哲次郎〈東京帝国大学教授〉著『勅語衍義』１８９１年刊、コマ３６～３７）

〝妻は夫に逆らうな〟――これが「夫婦相和シ」の意味だと、公式に解説していたわけです。「夫婦仲良く」どころの話ではありません。「教育勅語」でこうした男尊女卑の思想が、徹底的にたたき込まれました。

続いて1898年に制定された旧「民法」によって「家制度」がつくられます。戸主――家《か》長《ちょう》が、すべての権限をもち、結婚も、どこに住むかも、家長の許可が必要とされました。妻となると「民法」上の「無能力者」とされ、夫の許可なしには経済活動もできない、訴訟もできない、労働契約もできないなど、一切合切《いっさいがっさい》ができなくなりました。夫婦同姓を強制する仕掛けも、旧「民法」の「妻は婚姻《こんいん》に因《よ》りて夫の家に入る」で定められたものであります。こうして徹底した家父長制が押し付けられました。当時の日本は、天皇絶対の専制国家でした。この専制国家を「一大家族国家」とみなして、天皇は国全体の家長であり、国民は天皇の赤子《せきし》（子ども）とされました。そういう「一大家族国家」を末端で支えるものとして「家制度」が位置づけられたのです。

続いて1907年につくられた「刑法」にも、家父長制が深く刻まれました。妻は「夫の財産」のようにみなされ、強姦罪《ごうかんざい》は財産犯のようなものと考えられました。つまり、強姦罪によって権利を侵害されるのは女性でなく、その夫や父だったのです。女性は、貞操《ていそう》を守ることが義務であり、貞操を守るために必死に抵抗するのは当たり前であり、それを凌駕《りょうが》する暴行や脅迫があった場合にのみ、犯罪が成立するとされました。必死に抵抗しなかった者は法律による保護に値しないと考えられたわけです。

こうした男尊女卑の構造は、戦後、日本国憲法の成立のさいに、本来ならば、一掃されるべきものでした。ところが戦後も引き継がれ、いまなお民法では夫婦同姓が強制され、刑法で強姦罪が強制性交等罪に変わっても、この犯罪が成立するためにはなお「暴行・脅迫要件」が必要とされています。明治時代に強化されたジェンダー差別の根は、今なお断たれていないのです。

それだけではありません。根を断たないどころか、戦前につくられた「家制度」こそが良かった、この時代こそが「美しい国」だったとして、この時代に逆行させようとする勢力が政権についている。これが今日、日本におけるジェンダー差別をひどくしている、ということを強く告発しなければなりません。

〈日本のジェンダー差別の根っこ②――戦後、財界主導でつくられた新たな差別の構造〉

二つ目は、戦後、高度経済成長の時期以降に、財界・大企業主導でつくられた新たな差別の構造であります。

この時期に、財界・大企業が押し付けた価値観は、「男は、２４時間、企業戦士として働くのが当たり前」――どんな長時間・過密労働も、単身赴任も、家庭を顧みることなく働くのが男の役目だと強調されました。

そして、そういう男を支えるために、「女は、結婚したら退職し、一切の家事をやるのが当たり前」――専業主婦になって、炊事、洗濯、掃除、子育て、介護、一切の身の回りの世話を行うのが女の役目だと強制したのです。

こうした価値観、役割分担の押し付けによって、男性も女性もひどい搾取《さくしゅ》のもとにおいていきました。利潤第一主義をあらゆるものに優先させて、財界・大企業が、戦後、ジェンダー差別の新たな構造をつくっていきました。この構造は、その後、女性の多くが仕事をもち、共働きが当たり前になっている現在でも、形を変えながらも再生産されています。ここにジェンダー差別のもう一つの根があります。

こうして、日本のジェンダー差別には、明治の時代に強化された差別の構造、戦後に財界・大企業によってつくられた新たな差別の構造という2つの根っこがあります。大会の綱領報告で、「政治的につくり、歴史的に押し付けてきたもの」とのべたのは、そういうことであります。そして、日本が世界のなかでも「ジェンダー平等後進国」と言われていることの根っこにも、この二つの問題があることを指摘しなければなりません。

こうして、大会の綱領報告でのべたように、「ジェンダー平等社会を求めるたたかいは、ジェンダーを利用して差別や分断を持ち込み、人民を支配・抑圧する政治を変えるたたかい」（『前衛』特集号、84ページ）――日本でいえば戦前、戦後につくられてきたジェンダー差別の構造にいまだにしがみつく政治を変えるたたかいだということを強調したいと思います。

〈無意識の「しがらみ」から解放され、自己の力を存分に発揮できる社会を〉

第二に、それではジェンダー平等という考え方は、男女平等とどう違うのか。大会の綱領報告では次のようにのべました。

「『男女平等』は引き続き達成すべき重要な課題ですが、法律や制度のうえで一見『男女平等』となったように見える社会においても、女性の社会的地位は低いままであり、根深い差別が残っています。多くの女性が非正規で働き、政治参加が遅れ、自由を阻害され、暴力にさらされ、その力を発揮することができていません。その大本にあるのがジェンダー差別であります」（同前）

現在、日本の法律や制度のなかで、明文的な女性差別の条項が残っているかと言いますと、民法で女性にのみ再婚禁止期間が残されていることは明瞭な女性差別ですが、こういう例をのぞけば、明文的な差別はほとんどありません。ところが現実には、女性はひどい差別のもとに置かれています。

それはなぜなのか。そこにはジェンダー差別がある。つまり法律や制度のうえでは差別はなくなっていても、人々のなかに無意識に浸透させられている「女性はこうあるべき、男性はこうあるべき」という行動規範、価値観、役割分担によって差別がつくられています。それを、私たち一人ひとりが自覚して、自らの考え方、生き方を問い直し、変えていく。このことによって、本当に差別のない平等な人間関係をつくっていこう。これがジェンダー平等ということではないでしょうか。

大会の綱領報告では、続けて次のようにのべています。

「ジェンダー平等社会をめざすとは、あらゆる分野で真の『男女平等』を求めるとともに、さらにすすんで、『男性も、女性も、多様な性をもつ人々も、差別なく、平等に、尊厳をもち、自らの力を存分に発揮できるようになる社会をめざす』ということであると、考えるものです」（同前、８５ページ）

ジェンダー平等をめざすというのは、法律や制度の面で男女平等を実現することにとどまらず、行動規範や価値観や役割分担などのなかに残っている差別もなくし、本当の平等を求めるということだと思います。性的マイノリティーの方々も含めて、性のあらゆる多様性を尊重することも、差別をなくすことの重要な内容です。そのことによって、すべての人が、ジェンダーの「しがらみ」から解放されて、「自らの力を存分に発揮できるような社会をめざす」。ここが大切なところだと思います。英語で言えば「エンパワーメント」ということだと思います。

大会の討論で、参議院選挙を候補者としてたたかった女性の同志が、「ジェンダー問題は、私自身のこれまでの生き方・経験とは無関係ではなく、社会的・文化的性差に私自身が苦しめられてきたということに気づきました。……ジェンダー平等を求めるたたかいは、まさに自己改革であり、自己解放そのものです」（同前、353〜354ページ）と発言しました。ジェンダー平等を実践していくことで、自身の中に眠っている力が存分に発揮できる、自己解放そのものだと語りました。

ジェンダー平等社会をつくるというのは、みんなが自分らしく尊厳をもって生き、みんなが自分らしく輝き、そして自らの力を存分に発揮できる――そういう社会をつくろうということだと思います。それは真の男女平等を求めるとともに、さらに進んだ、より大きなふくらみをもった、豊かな概念だということが言えるのではないでしょうか。

〈日本共産党としてどういう姿勢でのぞむか――学び、自己改革を〉

第三は、日本共産党としてこの問題にどういう姿勢で取り組むかということです。

私は、何より大切なのは、私たちがジェンダー平等を求める多様な運動に「ともにある」＝「＃ＷｉｔｈＹｏｕ」の姿勢で参加し、切実な願いの実現のためにともに力をつくすことにあると思います。

この間、性暴力根絶をめざすフラワーデモが全国で大きく広がりました。私も、昨年（2019年）8月と11月、今年2月と3月、東京駅前で行われたフラワーデモに参加してスピーチを聞きました（3月は新型コロナ対応で「オンライン・デモ」）。自身が受けた性暴力の被害が語られ

性暴力をなくそうと訴えるフラワーデモ参加者
＝2020年２月11日、東京都千代田区、東京駅前

ました。怒りと悔しさを抱えた、つらい話の連続ですが、みんなの前で話すことで尊厳をとりもどし、未来をとりもどそうとする、その姿に胸が熱くなりました。私自身、多くを学び、また考えさせられました。綱領一部改定を進めるうえでも力をもらい、この問題で政治の責任を果たさなければならないという決意を新たにしました。

いま、ジェンダー平等を求めるさまざまな取り組みが起こっています。職場での女性に対するハイヒールやパンプスの強要に反対する「#ＫｕＴｏｏ《クートゥー》」運動、就活セクハラに反対する運動、性的マイノリティーへの差別をなくす運動など、さまざまな運動が広がっています。こういう運動に私たち自身も参加して、まずよく聞くことだと思います。そして学ぶことだと思います。そして願いを一緒に実現していく。こういう姿勢でのぞみたいと思います。

もう一つは、戦前・戦後、一貫して女性解放のためにたたかってきたわが党の先駆的歴史に誇りをもちつつ、またジェンダー平等をかかげて奮闘してきた多くの女性団体の先駆的取り組みに敬意をもちつつ、党としては、学び、自己改革する努力が必要だということです。

先ほどお話ししたようにジェンダーは、シャワーのように日々降り注いできます。呪文のように繰り返し唱えられます。ですから私たちの行動のあり方、価値判断、役割分担などのなかに無意識のうちに浸透してきます。私たち自身もジェンダーにもとづく差別意識や偏見に無関係ではありません。私は、日本共産党という集団は、たいへん民主的な集団だと思いますし、日々、そういう集団をめざしているわけでありますが、そうであったとしても、日本共産党のなかにも、一人ひとりの党員のなかにも、ジェンダーは、無意識に浸透し、内面化してくる。ですから、そうした内面化している人権意識のゆがみと向き合って、自己変革していく努力をしていきたいと思うのです。

この問題で、心して努力したいのは、党としても、一人ひとりの党員も、具体的な行動で試されるということです。党大会に向けた全党討論のなかで、1970年代に、「赤旗」に掲載された論文などで、同性愛を性的退廃の一形態だと否定的にのべたことについて、きちんと間違いと認めてほしいという意見が出されました。事実関係を確かめたうえで、党大会の結語で、「当時の党の認識が反映したものにほかならないものだと思います。これらは間違いであったことを、この大会の意思として明確に表明しておきたい」とのべました（『前衛』特集号、83ページ）。多くの方々を傷つけたわけですから、きっぱりとしたけじめが必要であります。

わが党自身がジェンダー平等を実践してこそ、ジェンダー平等社会の実現に貢献していくことができる。そして、それは、一つひとつの具体的な行動で試されます。このことを胸に刻んで、お互いに努力しようではありませんか。

〈科学的社会主義とジェンダー平等――エンゲルス『家族・私有財産・国家の起源』〉

第四に、科学的社会主義とジェンダー平等についてのべておきたいと思います。

これは大きな研究課題だと思いますが、重要な手がかりをあたえてくれる古典があります。エンゲルスが1884年に書いた『家族・私有財産・国家の起源』という著作であります。

マルクスが亡くなったのちに、エンゲルスが、マルクスが残した膨大なノートを調べていましたら、『資本論』の草稿などと一緒に、モーガンというアメリカの学者が書いた『古代社会』という本からの抜き書きのノートが出てきました。モーガンのこの本は、アメリカの先住民の社会をくわしく研究し、それを手がかりにして、世界の原始社会がどういうものだったかを明らかにしたものでした。そのなかには女性の歴史についての発見もありました。モーガンの研究は、人類社会の最初は、男性と女性の間に差別のない平等社会だったことを明らかにしていたのです。

マルクスはこれを知って驚きます。マルクスは、それまでは、人類社会では最初から女性差別があって、社会の進歩とともに差別がなくなっていくという見方に立っていましたから、モーガンの著作はそれを覆す驚きだったのです。マルクスは、モーガンの著作に感激して詳細なノートをつくります。しかし、ノートをつくったところで亡くなってしまった。エンゲルスは、マルクスのこのノートを発見して同じように驚き、マルクスの遺言の執行として、このノートを使って『家族・私有財産・国家の起源』を書きました。

エンゲルスは、『起源』のなかで、女性解放の展望についての大きな方向を明らかにしています。それは、およそ次のような点にまとめられようかと思います。

第一は、女性の解放には、法律的な平等だけでなく、社会的な平等が大切であることです。マルクス、エンゲルスは、女性参政権の実現を、その活動の最初の時期から主張してたたかい、法律的平等を求めるという点でも最も革命的な民主主義の立場をつらぬきました。同時に、エンゲルスは『起源』で、本当の女性の解放のためには、法律的な平等だけでは足らない、社会的な平等が大切だと力説しています。

第二は、女性の社会的平等を確立するうえで、決定的意義をもつのが「女性の公的産業への復帰」の実現にあることです。「公的産業への復帰」というのは、狭い意味での「産業」だけでなく、より広い意味での社会の公的活動の全般に、女性が復帰していくということです。

第三に、そのためには、家事の義務が女性に押し付けられている現状を根本から打破する社会変革が必要であることです。エンゲルスは、「私的家政」を「社会的産業に転化」することが必要だという提起を行っています。子どもの養育をはじめとする家事の義務が女性に押し付けられたままでは、「公的産業への復帰」はかなわない。それを社会が営むシステムへの改革が必要だということです。

第四は、結婚生活における男性の優位は、男性の経済的優位の結果であり、こうした不平等の経済的基盤をとりのぞいてこそ、真の意味での両性の対等・平等な関係が実現するということです。

エンゲルスは、『起源』のなかで、こうした女性解放が実現する条件を、社会主義的変革のなかに見いだしました。

現実の世界史の進展は、1979年に成立した女性差別撤廃条約が示すように、世界の多くの国ぐにが資本主義の段階にとどまっているもとで、「女性の公的産業への復帰」と、それを支える社会的条件づくりが緊急の課題となり、現実に取り組まれてきています。エンゲルスの見通しを超えて、資本主義の枠内でも女性解放への大きな歩みが進んでいます。同時に、私は、資本主義社会を乗り越えた未来社会――社会主義・共産主義の社会に進んでこそ、両性の真の意味での平等が実現するという大展望は、今日においても真理ではないかと考えます。

『起源』のなかでエンゲルスは、未来社会における両性の新しい関係について、次のような大展望を語っています。この部分は、ドイツで社会主義者弾圧法が撤廃されたあと、1891年の第4版で書き足された部分です。

「なにがつけ加わるだろうか？　それは、新しい一世代が成長してきたときに決定されるであろう。すなわち、その生活中に金銭ないしその他の社会的な権力手段で女性の肌身提供を買いとる状況に一度もであったことのない男性たちと、真の愛以外のなんらかの顧慮から男性に身をまかせたり、あるいは経済的結果をおそれて恋人に身をまかせるのをこばんだりする状況に一度も出あったことのない女性たちとの一世代が、それである」（『家族・私有財産・国家の起源』、全集㉑86ページ、古典選書、112〜113ページ）

こうした「新しい一世代」が成長してくる未来社会でこそ、真の愛情だけで結ばれた両性の関係——真の意味での両性の平等が実現する。これが、エンゲルスが明らかにした大展望でした。ジェンダー平等は、資本主義のもとで最大限追求されるべき課題であり、それはエンゲルスの予想も超えて、現実のものになりつつあります。改定綱領でも、「ジェンダー平等社会をめざす」という課題を、当面の民主的改革の課題に位置づけました。

同時に、より根本的には、社会主義・共産主義社会、真に自由で平等な人間関係からなる社会——あらゆる搾取がなくなり、あらゆる抑圧がなくなり、あらゆる強制がなくなり、国家権力もなくなり、あらゆる支配・被支配の関係＝権力的関係がなくなる社会——ここまで進めば、当然、ジェンダー平等が全面的に実現する社会になる。こういう展望をもつことができるのではないでしょうか。

フラワーデモに参加してスピーチを聞きますと、性暴力被害にあった方々のうちの多くが、知人からの被害にあっているとのことでした。親、親戚、教師、上司、医師など、多くは知人から性暴力被害を受けている。その間には、支配・被支配の関係――権力的関係があります。それを利用して性暴力が起こっている。これが現状だと思います。

みなさんのスピーチを聞きながら、どうやったら性暴力がなくせるか、いろいろと考えました。性暴力をいますぐなくすために、あらゆる手立てを緊急にとっていかなければなりません。刑法を改正し、強制性交等罪で残されている「暴行・脅迫要件」を撤廃し、同意要件をつくることは急務です。年齢にふさわしい形での性教育を行うことを含めて、子どもを性暴力から守っていく取り組みを抜本的に強めなければなりません。被害者のケアのしっかりした態勢をつくることも、すぐにでも取り組んでいかなくてはなりません。緊急に、最大限の努力が必要だと思います。

同時に、将来の展望として、根本的に言うと、人と人との関係において、支配・被支配の関係――権力的な関係がいっさいなくなるような社会では、当然、性暴力の根も社会的な根としてはなくなっていくのではないでしょうか。

そうした社会においては、親と子の関係も、教師と生徒の関係も、職場の関係も、本当に平等でフラットなものに変わっていくのではないでしょうか。教師と生徒の関係も、お互いに学びあうような対等・平等の関係になっていく。親と子の関係も、同じように対等・平等の関係になっていく。人と人との間に、いっさいの権力的な関係がなくなっていく、そういう社会になれば、当然、ジェンダー平等は完全な形で実現し、性暴力も――個々の犯罪は残るかもしれませんが

——、その社会的な根は絶たれていくのではないでしょうか。そういう大展望をもって、この課題に取り組んでいきたいと考えています。

ジェンダー平等社会の実現のために、資本主義の枠内で最大限の努力を行う。同時に、私たちのめざす未来社会に進んだときには、当然、この問題でも、根本的な解決の道が開かれる。こうした姿勢で、この問題の解決のために力をつくしたいと思います。

四、資本主義と社会主義の比較論から解放され、本来の社会主義の魅力を示すことが可能に

講義の第四章に進みます。

中国に対する綱領上の規定の見直しが開いた「新たな視野」の第二は、資本主義と社会主義の比較論から解放されて、２１世紀の世界資本主義の矛盾そのものを正面からとらえ、この体制を乗り越える本当の社会主義の展望を、よりすっきりした形で示すことができるようになったことであります。

改定前の綱領の立場――資本主義との比較論、「先駆性」の発揮への期待

すでにお話しししてきたように、改定前の綱領は、資本主義と社会主義との「二つの体制の共存」という世界論・時代論に立っていました。そういう立場に立つ以上、社会主義をめざす党として、資本主義と社会主義の比較論が必要になってきます。

〈2014年の第26回党大会――「いやおうなしに対比が試される」〉

2014年の第26回党大会決議では、「〝社会主義をめざす国ぐに〟が、社会の発展段階ではなお途上国に属しながらも、世界の政治と経済に占める比重は、年々大きくなるもとで、いやおうなしに資本主義国との対比が試されるようになっている」と指摘して、次のように表明しました。

「『人民が主人公』という精神が現実の社会生活、政治生活にどれだけ生きているか。経済政策の上で人民の生活の向上がどれだけ優先的な課題になっているか。

人権と自由の拡大にむけて、自身が認めた国際規範にそくした努力がされているか。国際活動で覇権主義を許さない世界秩序の確立にどれだけ真剣に取り組んでいるか。核兵器廃絶、地球温暖化などの人類的課題の解決にどれだけ積極的役割を果たしているか。……私たちは、これらの問題について、中国やベトナム、キューバが、資本主義国との対比において、『社会主義をめざす新しい探究が開始』された国ならではの先駆性を発揮することを、心から願うものである」(『前衛』特集号、55~56ページ)

〈中国における深刻な格差の広がり――比較論から解放された意義は大きい〉

しかし、中国について言いますと、ここであげたほとんどの問題で、何らの先駆性も示されませんでした。むしろ深刻なゆがみや逆行が進みました。

それはすでに詳しくお話しした覇権主義や人権と自由の問題だけではありません。格差の広がりも深刻であります。

OECD(経済協力開発機構)のデータにもとづく「世界のジニ係数　国別ランキング」という国際比較があります。

ジニ係数というのは、格差をあらわす指数で、0から1までの値をとり、0に近づくほど格差が小さくなり、1に近づくほど格差が大きくなるという指数ですが、直近のデータによると、中国のジニ係数は、所得再分配後で0・51と世界でワースト2位となっています（1位は南アフリカ）。格差拡大が大問題になっているアメリカでジニ係数は0・39です。日本でも格差拡大は社会の一大問題ですがジニ係数は0・34です。これよりもはるかに格差が大きくなっている。

国連は、社会騒乱多発の警戒ラインを、ジニ係数で0・4に設定しています。これを超えると社会の騒乱とか暴動などが起こりやすくなる。中国では、それよりもはるかに大きな格差が生じてしまっています。

この間、中国は、GDP（国内総生産）を急成長させ、絶対的貧困人口は大きく削減しましたが、同時に、目のくらむような格差社会をつくりだしているのです。中国にはアジア一の超富裕層が出現しています。日本を超える超富裕層が出現している。同時に、農村を中心に、なお膨大な貧困人口を抱えています。

いくら途上国の段階に属しているとはいえ、こういう国を〝社会主義をめざす国〟とみなしますと、「中国に比べれば欧米のほうがまし」ともなって、資本主義の矛盾が見えづらくなるということにもなりました。また、社会主義の本当の魅力も見えづらいという結果にもなりました。

今回の綱領一部改定によって、このような比較論から解放された意義は大きいと思います。この改定によって世界資本主義の矛盾を、あれこれの体制との比較を考慮することなしに、正面からとらえることができるようになり、その害悪がよりすっきりと見えるようになりました。そして、資本主義を乗り越える社会として、社会主義の展望、魅力が大いに語りやすくなったと思います。

格差拡大――資本主義を乗り越えた社会への模索、社会主義への希望が広がっている

そのことをいくつかの具体的な問題で考えてみたいと思います。

改定綱領は、世界資本主義の諸矛盾をさまざまな角度から指摘したうえで、「貧富の格差の世界的規模での空前の拡大」、「地球的規模でさまざまな災厄をもたらしつつある気候変動」の二つを、世界的な矛盾の焦点として特記しました。

この二つの大問題は、人類の死活にかかわる緊急の課題であり、資本主義の枠内でもその是正・抑制を求める最大の取り組みが強く求められています。

同時に、改定綱領がのべているように、これらは、「資本主義体制が21世紀に生き残る資格を問う問題」――資本主義というシステムをこのまま続けていいのか、その是非が問われる問題となっています。

〈「アメリカでは、若い世代の約70％が『社会主義者』に投票したい！」〉

まず貧富の格差の拡大について考えてみましょう。

大会の綱領報告では、アメリカの大手世論調査会社の調査結果で、アメリカでは、共通して、若い世代を中心に社会主義への肯定的見方が広がっていることを紹介しました。その根本には、貧富の格差の空前の広がりがあります。

アメリカの大手メディア『ビジネス・インサイダー』（2019年11月7日号）は、「アメリカでは、若い世代の約70％が『社会主義者』に投票したい！　その背景にある五つの経済的な現実」と題する論文を掲載しています。

この論文では、大手世論調査会社「ＹｏｕＧｏｖ」が実施した最近の世論調査で、ミレニアル世代――今年25～39歳の世代の実に70％、今年25歳以下の世代の64％が、社会主義的な政策を訴える候補者に投票するだろうという考えを持っていることが明らかになったとして、その背景として五つの要素をあげています。

――若い世代の年収は、1974年以降、29ドル（約3200円）しか伸びていない。

――大学の授業料は、1980年代以降、2倍以上になっている。

――住宅価格は、40年前より40％近く高い。

――医療費は、１９６０年比で９倍（インフレ調整済み）に高騰している。
――ミレニアル世代の半数以上がクレジットカード債務を抱えている。

若い世代が、格差拡大の最大の被害者になっているのです。この世代にとって資本主義とは、格差と不公平の代名詞になっています。他方、社会主義とは、そうした歪みをただして平等で公正な社会をめざすものとして広く受け容れられつつあるのであります。

ソ連崩壊ははるか過去のものとなり、その「しがらみ」からも解放されて、世界最大の資本主義国アメリカで、「社会主義」の新しい形での「復権」が起こっていることは、注目すべき出来事ではないでしょうか。

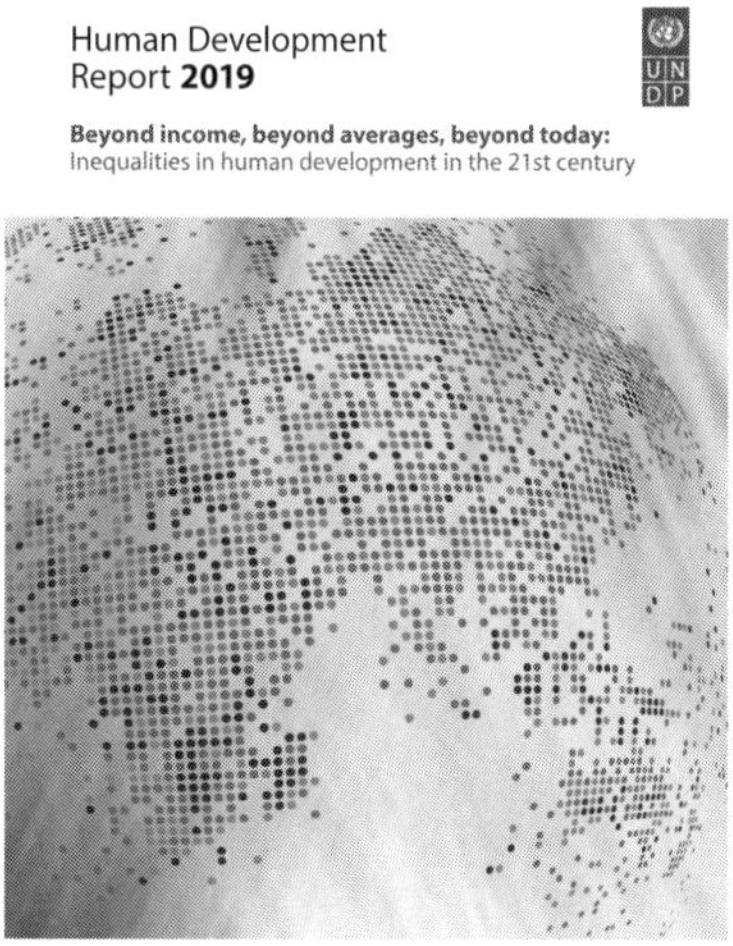

国連開発計画が発表した「21世紀の人間開発格差」と題する報告書（2019年12月）

〈国連開発計画（ＵＮＤＰ）の報告書
――「再分配を越える措置が必要」〉

いま一つ、紹介したいのは、国連開発計画（ＵＮＤＰ）が２０１９年１２月に発表した「２１世紀の人間開発格差」と題する報告書です。この「報告書の骨子」の注目すべき指摘を引用したいと思います（傍線・引用者）。

「私たちの社会、経済、政治では、格差が深く根を下ろしています。多くの人々の生涯は、出生地や親の所得で決まってしまいます。格差は早いうちから表れ、拡大し、世代間で引き継がれることもあります。しかし、対策は可能です。ただしそのためには、再分配を越える措置が必要となります」（「基本メッセージ」1ページ）

ここで「再分配を越える措置が必要」と言っていることは注目されます。ケインズ主義など修正資本主義と言われる立場があります。この立場は、累進課税――所得の多いものに累進的に課税を行う、あるいは社会保障を充実するなど、所得の再分配の強化によって格差を縮小する、そのことによって資本主義の問題点を「修正」していくことを主張しています。しかし、それだけでは不十分だということが、ここに書いてあるわけです。それを「越える措置が必要だ」とあるわけです。

UNDPの報告書の「日本語概要版」では、格差を是正するにはどうしたらいいかと問いかけて、「所得再分配は、……（格差是正の）特効薬的措置とみなされることがある」が、「包括的再分配のパッケージを導入したとしても、1970年代後半から2013年にかけて英国で見られたような所得格差の拡大を完全に逆転させることはできないだろう」とのべ、格差是正は、「さらに幅広く体系的な政策アプローチがなければ実現しない」（4ページ）とのべています。

修正資本主義が主張してきた政策手段――所得再分配だけでは格差拡大を止めることはできない。これは、「資本主義の限界」を、国連がその文書のなかで認めたということだと思います。

四、資本主義と社会主義の比較論から解放され、本来の社会主義の魅力を示すことが可能に

それではどうやって問題を解決するか。この報告書には、その道筋が明瞭に描かれているとは言えません。

ただ、分配のあり方の改革だけで格差の是正ができないとなれば、生産のあり方の改革にまで踏み込む必要が出てくるでしょう。そういう意味で、資本主義を越える改革の必要性に事実上つながる指摘として、私は、注目して読みました。

世界的な規模の貧富の格差の拡大のもと、さまざまな形で「資本主義の限界」が語られ、資本主義を乗り越えた社会への模索、社会主義への希望が広がっていることは、きわめて重要ではないでしょうか。

気候変動――〝社会のあらゆる側面で、前例のないシステム移行が必要〟（ＩＰＣＣ）

いま一つ、地球規模の気候変動の問題はどうでしょうか。

私は、８中総の提案報告でも、大会の綱領報告でも、この問題がもはや先送りが許されない非常事態――「気候危機」に陥っているということをのべました。産業革命前に比べて世界の平均気温上昇を「１・５℃以内」に抑えることは、人類共通の死活的な急務となっています。

〈２１００　未来の天気予報」――文字通りの「気候危機」に直面している〉

かりに有効な対策をとらないとどうなるか。環境省は、２０１９年７月８日、「２１００年未来の天気予報」をウェブサイトで公開しました。それを見ると、「このまま有効な対策を執《と》らずに地球温暖化が進行すると、２０００年頃からの平均気温が最大４・８℃上昇すると予測されています」として、「産業革命以前からの気温上昇を１・５℃に抑える目標を達成した２１００年と、その目標を達成できなかった２１００年の天気予報」を、それぞれの夏、冬について作成しています。

「２１００年　未来の天気予報」のデータを環境省に求めたところ、データを送ってきてくれまして、今日はそれをパネルにしてもってまいりました。

（パネル１）これが、「１・５℃未達成」――最大４・８℃上昇した場合の「２１００年夏の天気予報」です。いつものＮＨＫの天気予報と同じ格好で書いてありますが、夏の最高気温は、東京４３・３℃、札幌４０・５℃、名古屋４４・１℃、大阪４２・７℃、福岡４１・９℃など、沖縄以外の日本列島はまるごと４０℃以上となっています。とてもこれでは生きていけません。熱中症など熱ストレスによる国内死亡者数が１万５０００人を超えるという予測も出しています。灼熱《しゃくねつ》地獄になってしまうという「天気予報」です。

パネル１　環境省の「2100年　未来の天気予報」（各地の最高気温）

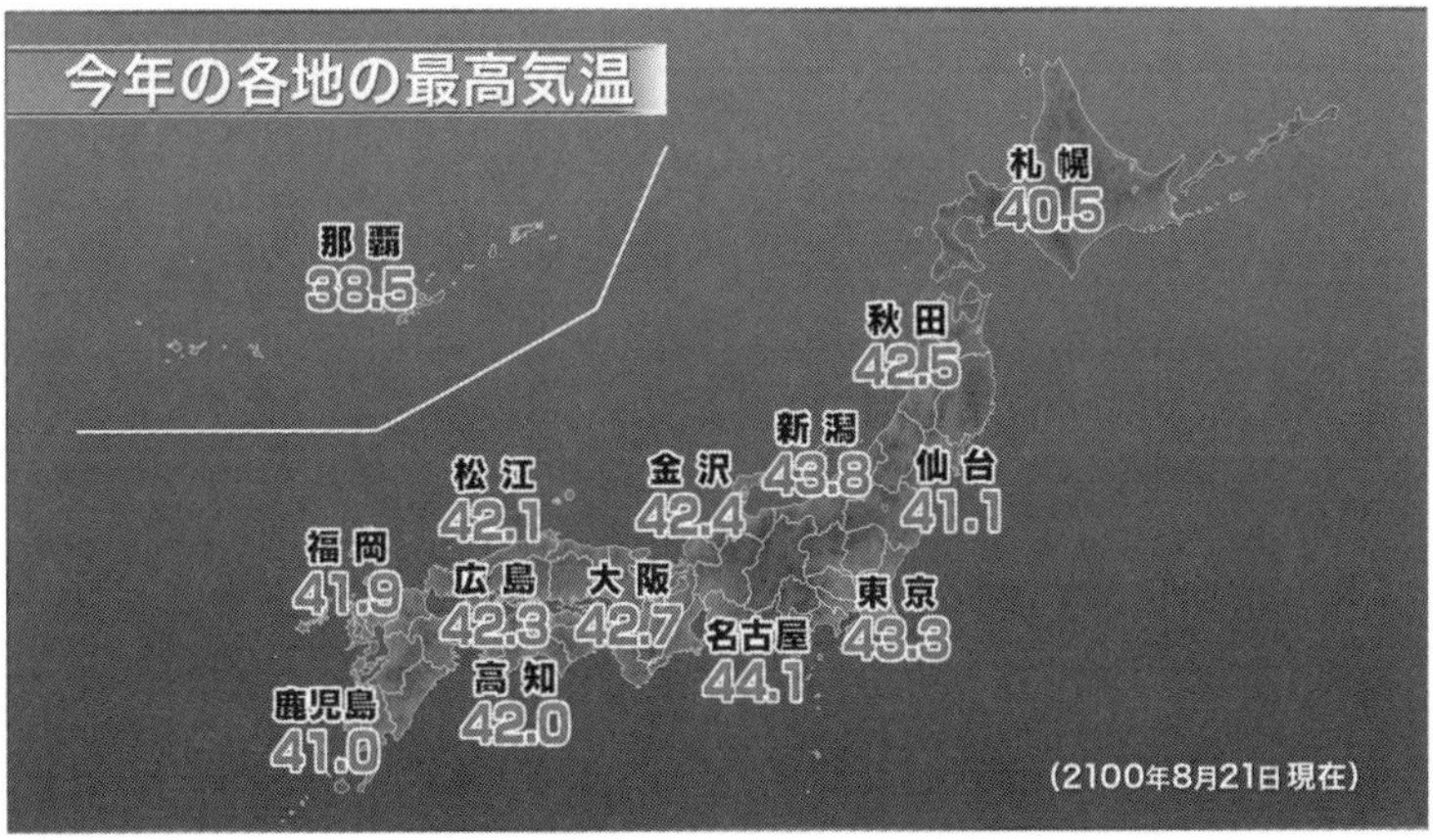

産業革命以前からの気温上昇を1.5℃に抑える目標を達成できなかった2100年夏の日本各地の最高気温を示した環境省の「2100年　未来の天気予報」

パネル２　環境省の「台風情報」

「1.5℃目標」未達成の2100年夏の台風の予測図を示した環境省の「2100年　未来の天気予報」。大きさは、日本の半分くらいがすっぽり入る巨大な台風に

（パネル２）もう一つ、これは台風の予測図です。「台風情報　台風１０号　中心気圧８７０hPa　最大瞬間風速９０ｍ／Ｓ」とあります。文字通りの「スーパー台風」です。この予測図を見ますと、台風の大きさは日本の半分くらいがすっぽり入ってしまう巨大なものであり、「台風の目」だけでも東京都がすっぽり入ってしまいます。こういう猛烈な巨大台風が毎年接近し、大雨、暴風、海面上昇によって、大被害をもたらすという予測です。

まさに現状は、世界でも日本でも、文字通りの「気候危機」というべき状況です。私は、世界の運動に連帯して、この日本から、気候変動抑止のための緊急の行動を、大きく発展させることを心から呼びかけるものであります。

〈「前例のないシステム移行」――資本主義の是非が根本から問われている〉

大会の綱領報告では、「いま注目すべきは、こうした（気候変動抑止の――引用者）運動にとりくんでいる人々のなかから、『いまのシステムで解決策がないならば、システムそのものを変えるべきだ』という主張が起こっていることであります」とのべました（『前衛』特集号、８９ページ）。

ここで紹介したいのは、この問題で、国連などにより設立された「気候変動に関する政府間パネル（ＩＰＣＣ）」が作成した「１・５℃特別報告書」（２０１８年）であります。この「特別報告書」では、予測される気候変動のリスクを詳細に明らかにするとともに、「1・5℃以内」に抑えるためには、〝社会のあらゆる側面において急速かつ広範な、前例のないシステム移行が必要〟だと強調して、次のような柱を列挙しています。

――再生可能エネルギーへの大規模な置き換え、エネルギー消費の削減、エネルギー最終消費の電化の急速な進行など、「エネルギー分野におけるシステムの移行」。

――エネルギーの効率化、持続可能なバイオ燃料、リサイクル、電化および水素、二酸化炭素の回収・利用・貯留《ちょりゅう》など、「産業分野におけるシステムの移行」。

――運輸および建物におけるより大幅な温暖化ガス排出削減など、「都市・インフラ分野におけるシステムの移行」。

「気候変動に関する政府間パネル（IPCC）」が作成した「1.5℃特別報告書」（2018年10月）

――牧草地、農地、森林など、「土地利用分野におけるシステムの移行」。

このように、社会のあらゆる分野における「システムの移行」が必要だということを言っています。たんにエネルギーを再生可能エネルギーにするだけではなくて、社会の全面的な「システムの移行」が必要だというのが、ＩＰＣＣの「1・5℃特別報告書」に書かれているのであります。

これらの前例のない全面的な「システムの移行」が、はたして資本主義のもとで実行可能かどうか、これは大きな問題だと私は思います。

もちろんこの課題は待ったなしであり、資本主義のもとでも、そうした「システムの移行」を実現するための最大の努力を緊急に行っていく必要があります。ただ少なくとも、それを実行しようとすれば、資本主義に特有な利潤第一主義を、かなりの程度まで規制、抑制する社会システムが必要になることは間違いないのではないでしょうか。

ここでも資本主義というシステムの是非が根本から問われているということを強調したいと思います。

マルクスの『資本論』は、解決の根本的道筋、手がかりを示している

次に進みたいと思います。それではマルクスはこれらの問題をどう考えていたか。マルクスの『資本論』には、これらの人類的課題について、その解決の根本的な道筋、あるいは、手がかりがあるということを、お話ししたいと思います。

〈資本主義のもとでなぜ格差が生まれるのか、その解決の道はどこにあるか〉

まず資本主義のもとでなぜ格差が生まれるのか、その解決の道はどこにあるのか。

マルクスは『資本論』のなかで、格差拡大の根源は、より大きな利潤を得るために「生産のための生産」に突き進む資本の限りない衝動――利潤第一主義という資本主義の本性にこそあることを明らかにし、次の有名な告発を行っています。

「最後に、相対的過剰人口または産業予備軍を蓄積の範囲とエネルギーとに絶えず均衡《きんこう》させる法則は、ヘファイストスの楔《くさび》がプロメテウスを岩に縛りつけたよりもいっそう固く、労働者を資本に縛りつける。この法則は、資本の蓄積に照応する貧困の蓄積を条件づける。したがって、一方の極における富の蓄積は、同時に、その対極における、すなわち自分自身の生産物を資本として生産する階級の側における、貧困、労働苦、奴隷状態、無知、野蛮化、および道徳的堕落の蓄積である」（『資本論』第一部第七篇第二三章「資本主義的蓄積の一般的法則」第四節、新版④１１２６ページ）

マルクスは、『資本論』の第一部で、まず工場などの内部における搾取強化の実態の詳細な分析を進めていきますけども、最後の第七篇では、視野を社会全体に広げた特別の一章を設けました。

新版『資本論』

　ここでマルクスは、資本主義的蓄積のもとでは、現役労働者を広大な規模の「産業予備軍」が取り囲むという独特の人口構造が生まれることを明らかにしました。彼が「産業予備軍」と呼んでいるのは、資本主義のもとで大量に生み出される失業、半失業の労働者のことです。現代の低賃金・使い捨ての不安定雇用の労働者は、現役労働者を「予備軍化」したものにほかなりません。

「産業予備軍」をつくり出す法則は、「ヘファイストスの楔がプロメテウスを岩に縛りつけたよりもいっそう固く、労働者を資本に縛りつける」。ギリシャ神話のなかに、巨人プロメテウスが、人間に火をあたえたために、鍛冶《かじ》（鉄を鍛えて道具をつくる職人のこと）の神ヘファイストスが鍛えた楔によって岩に釘《くぎ》づけにされるという物語があります。そのぐらいの強靭《きょうじん》さをもって、労働者階級を資本の支配と貧困のもとにおくことを、印象深い言葉でマルクスは告発したのです。

こうしてつくり出された社会状況が、社会全体の規模での経済的格差の拡大――一方に富の蓄積が、他方に貧困の蓄積という社会の二極分化を生み出し、拡大していく。こうしてマルクスは『資本論』のなかで、格差拡大のメカニズムをダイナミックな論理で明らかにしています。

この際限のない格差拡大をどうやって解決するか。生産手段を、結合した生産者たちの共同所有に移すこと――生産手段の社会化が、根本的な解決の道になります。それによって経済を、社会的格差を拡大する根源となっている利潤第一主義の狭い枠組みから解放する。これがマルクスが示した格差拡大の根本的解決の展望でした。

『資本論』のこの告発は、今日の世界でもまさに生きていると思います。資本主義のもとでは、どうしても格差が広がってきます。世界的規模でも広がる。発達した資本主義国の内部でも広がる。この傾向は避けることはできません。それを根本的に解決しようとすれば、資本主義という体制の変革が求められます。

もちろん資本主義の枠内でも格差拡大を是正するための最大の取り組みが必要ですし、現に私たちはそうしたたたかいを行っています。同時に、その根本的な解決の道は、資本主義を乗り越えて社会主義に進むことにある。マルクスのこの大命題はまさに生きていることを強調したいのであります。

〈気候変動の問題――『資本論』のなかに問題解決への手がかりがある〉

それでは気候変動の問題はどうでしょうか。

マルクスが生きた時代は、18~19世紀初頭に起きた「産業革命」から間もない時代であり、地球的規模の環境破壊は問題にならなかった時代です。それでも『資本論』のなかには、この問題の解決の手がかりになる論理があります。

マルクス『資本論』から三つの文章を抜き書きしてみました。

第一の文章。マルクスは、『資本論』のなかで、人間の生産活動、経済活動を、自然と人間との「物質代謝」のなかに位置づけました。

「労働は、使用価値の形成者としては、有用的労働としては、あらゆる社会形態から独立した、人間の一存在条件であり、人間と自然との物質代謝を、したがって人間的生活を媒介する永遠の自然必然性である」(『資本論』第一部第一篇第一章「商品」、新版①79ページ)

ここでマルクスが使っている「物質代謝」とは、もともとは生物学の言葉です。すべての生命体は、外界から栄養物質などをとりこんで、体のなかで変化させて、自分に必要な構成物質につくりかえ、エネルギー源としたうえで、不要な部分を体外に排出しています。どんな生命体でもやっていることです。これを生物学で「物質代謝」と呼びますが、マルクスは、この言葉を使って、人間が労働によって、自然からさまざまな物質を取り込み、それを加工して自分の生活手段に変えることを、生命体になぞらえて「自然との物質代謝」と呼んだわけです。

第二の文章。資本主義的生産は、利潤第一主義による産業活動によって、人間と自然との物質代謝の前提になっている自然の環境を破壊していきます。

「資本主義的生産は、それが大中心地に堆積させる都市人口がますます優勢になるに従って、一方では、社会の歴史的原動力を蓄積するが、他方では、人間と土地とのあいだの物質代謝を、すなわち、人間により食料および衣料の形態で消費された土地成分の土地への回帰を、したがって持続的な土地豊度の永久的自然条件を撹乱《かくらん》する」（『資本論』第一部第四篇第一三章「機械と大工業」、新版③８８０～８８１ページ）

ここでは、「物質代謝」の「撹乱」という分析が現れます。「持続的な土地豊度の永久的自然条件を撹乱する」とは、資本主義的な利潤第一主義の農業生産によって、土地の栄養分がなくなってしまい、荒れ地になってしまうことを言っています。当時、自然環境の破壊は、こうした農地の破壊という形で問題になっていました。このことをマルクスは、「人間と土地のあいだの物質代謝」、およびその前提となる「永久的自然条件」の「撹乱」という言葉で特徴づけました。これは現代に起こっている事態を、まさに先取り的に分析したものではないでしょうか。

現代の資本主義的生産は、まさに利潤第一主義が猛威《もうい》を振るうことで、地球規模での環境を「撹乱」＝破壊し、気候変動を引き起こすまでにいたっていますが、その最初の現れの一つを、マルクスはこういう言葉でのべていたのであります。

（注）エンゲルスは、『自然の弁証法』のなかで、人間は動物と違って、自然を支配するけれども、「そうした勝利のたびごとに、自然はわれわれに復讐する」（『〔新メガ版〕自然の弁証法』新日本出版社、1999年刊、117ページ）という警告をのべています。エンゲルスは、メソポタミア、ギリシャ、小アジア（現在のトルコ地方）やその他の地域で、耕地をつくるために森林を根こそぎ伐採《ばっさい》してしまう、そのために結局、保水力がなくなって荒地になってしまったという例を具体的に指摘し、次のようにのべています。

「これまでのすべての生産のしかたは、労働のごく目さきの最も直接的な効果を達成することしか眼中におかなかった。それからさきの、もっとあとになってはじめて現われ、ゆっくりくりかえされ累積されることによって効果を生じてくる、〔労働の〕諸結果は、まったく無視されつづけてきた。……」

「生産と交換とを支配している一人ひとりの資本家には、自分たちの行為の最も直接的な効果を気にかけることしかできない。それどころか、この効果でさえ、――生産または交換される物品の有用性ということにかんするかぎりは、――完全に二の次になっている。販売にさいして得られるはずの利潤だけが唯一の動機となるのである」（同前、117～120ページ）

「これまでのすべての生産のしかた」は、「労働のごく目さきの最も直接的な効果を達成することしか眼中におかなかった」が、資本主義社会でも、「自分たちの行為の最も直接的な効果」を気にかけることしかできない。ただこの社会では、それどころか、この効果でさえ、「完全に二の次」になって、「利潤だけが唯一の動機」となってしまう。「あとになってはじめて現われ、ゆっくりくりかえされ累積されることによって効果を生じてくる」ような問題は、利潤第一主義を原理とする資本主義社会では、およそまったく視野の外に置かれてしまうということだと思います。エンゲルスのこの警告は、今日の地球規模での気候変動にぴったりと当てはまるような警告になっています。

第三の文章。それでは、利潤第一主義による「物質代謝」とその前提となる「永久的自然条件」の攪乱・破壊は、どうすれば克服することができるのか。マルクスは、その根本的展望を、『資本論』第三部での未来社会論のなかで、次のようにのべています。

「この領域（物質的生産の領域、必然性の国のこと――引用者）における自由は、ただ、社会化された人間、結合した生産者たちが、自分たちと自然との物質代謝によって――盲目的な支配力としてのそれによって――支配されるのではなく、この自然との物質代謝を合理的に規制し、自分たちの共同の管理のもとにおくこと、すなわち、最小の力の支出で、みずからの人間性にもっともふさわしい、もっとも適合した諸条件のもとでこの物質代謝を行なうこと、この点にだけありうる」（『資本論』第三部第七篇第四八章「三位一体的定式」、新書版⑬１４３５ページ、上製版Ⅲｂ１４４１ページ）

マルクスがここで「この領域」と呼んでいるのは、物質的生産の領域のことです。

マルクスはここで、人間の活動を二つの領域（二つの国）に分けて論じています。一つは、「本来の物質的生産」にあてられる時間です。マルクスはこれを「必然性の国」と呼びます。もう一つは、それ以外の、人間が自由に使える時間です。マルクスはこれを「自由の国」と呼んでいます。マルクスが、「本来の物質的生産」の領域を、「必然性の国」と呼んでいるのは、それが人間が生きていくうえで必要不可欠な、外的な目的によって余儀なくされる労働だからです。この領域を超えたところで、「真の自由の国」が開花する。社会のすべての構成員が、どんな外的な目的にも縛られない自由な活動のための、自由な時間を十分にえて、その能力を全面的に発展させることができる社会。マルクスは、ここに未来社会――社会主義・共産主義社会の何よりもの特徴を見いだしました。

それでは「本来の物質的生産の領域」――「必然性の国」には自由はないのか。引用した文章はそれを論じた部分です。資本主義を乗り越えた未来社会――社会主義・共産主義社会においては、「必然性の国」においても、人間の自由を拡大します。すなわち、資本主義のもとでは、人間と自然との物質代謝が、この引用文にあるように、資本主義の諸法則の「盲目的な支配」のもとにおかれていました。そこから、「物質代謝」とその前提となる「永久的自然条件」の攪乱・破壊という問題が起こってきました。しかし、未来社会では、それが、「合理的に規制」され、「最小の力の支出で、みずからの人間性にもっともふさわしい、もっとも適合した諸条件のもとでこの物質代謝を行なう」ようになる。この点では、未来社会は、物質的生産の領域でも、人間の自由を拡大するものとなるということをマルクスはのべているのです。

『資本論』から三つの文章を紹介しましたが、いまのべてきたことをまとめると次のようなことになります。

人間は、この地球上で、自然と交流しながら――物質代謝をしながら生きてきた。しかし、資本主義的生産の利潤第一主義は、物質代謝を攪乱し、その前提である自然条件を破壊する。その攪乱・破壊は、現在では、地球規模での気候変動まで引き起こし、人類の生存条件を破壊しかねないところまできている。未来社会――社会主義・共産主義社会は、この攪乱・破壊を規制し、人間と自然との交流――物質代謝を、合理的に、最小の力の支出で、人間性にもっともふさわしい条件のもとで進めることを可能にする。これがマルクスの描いた大展望でした。

マルクスの『資本論』でのこの解明は、気候変動の問題の解決の根本的な道を明らかにしていると言えるのではないでしょうか。すなわち、資本主義を乗り越えて社会主義に進むことが、地球的規模での環境破壊――気候変動の根本的解決の道だということを、示しているのではないでしょうか。

マルクスの生きた時代には、地球的規模の環境破壊はおよそ問題になりませんでした。しかし、その時代に、マルクスは、資本主義的生産による自然環境の破壊の最初の現れに着目して、「物質代謝」の「攪乱」という分析を行い、それを根本的に解決する道は未来社会への変革のなかにある――ここまでのべていたのです。その論理の深さ、洞察力の深さには驚くべきものがあるのではないでしょうか。

地球的規模の気候変動についても、マルクスは『資本論』のなかに解決の手がかりになる太い論理を示している。このことに注目して『資本論』を読んでいきたいと思います。

〝社会主義の新たな出番〟の時代――未来社会の展望、希望を大いに語ろう

大会の綱領報告では、次のように呼びかけました。

「貧富の格差の問題でも、気候変動の問題でも、資本主義の枠内で解決のための最大の努力を行いながら、資本主義をのりこえた社会主義によって問題の根本的な解決の展望が開かれることを、大いに語っていこうではありませんか」(『前衛』特集号、89ページ)

私たちは、異常な対米従属と大企業・財界の横暴な支配――「二つの異常」をただす民主主義革命を国民多数の合意でやりとげることを、直面する課題にすえています。それをやりとげたのちに、次の段階では、これも国民多数の合意で、資本主義を乗り越えて、社会主義・共産主義の社会への前進をはかる社会主義的変革が、課題になると考えています。「国民多数の意思にもと

づく社会の段階的発展」――これが私たちの綱領の展望です。

ただここで留意しておきたいのは、「国民多数の意思にもとづく段階的発展」とは、現在ただいま、日本社会が直面している矛盾は「二つの異常」と国民との矛盾であって、この矛盾を解決したら、資本主義そのものの矛盾が次に直面する矛盾となる、つまり〝矛盾が段階的に出てくる〟ということではありません。矛盾の解決の仕方が段階的だということを言っているものです。

矛盾という点では、日本社会は、いわば「二重の矛盾」に直面しています。第一は、私たちが「二つの異常」と呼んでいる日本社会に特有の矛盾です。第二は、その矛盾の土台にある資本主義そのものがもつ「利潤第一主義」の矛盾です。この「二重の矛盾」に日本社会は直面しています。

そして現実には、第一の矛盾だけでなくて、第二の矛盾もさまざまな形で噴き出しています。格差の拡大、気候変動が深刻になるなかで、「資本主義の限界」が語られ、「前例のないシステム移行」の必要性が語られ、社会主義への新たな期待が広がり、マルクスに広く注目が寄せられる状況があります。

私は、まさに今日の時代は、〝社会主義の新たな出番〟とも言える歴史的情勢にある。このことを強調したいと思います。そういう情勢のもとにあって、直面する課題の解決のために力をつくしながら、未来社会――社会主義・共産主義の展望、希望を大いに語ろうではありませんか。このことを私は呼びかけたいと思います。

私たちは「共産党」という名前をもっています。「共産党」ですから、当面の民主的改革の課題はもちろん大いに語る必要がありますが、同時に、私たちが目標としている社会主義・共産主義、これを堂々と語ってこそ「共産党」ではないか。その魅力を語り広げる、希望を伝えることができて、初めて日本共産党は国民の多数派になることができる。これを大いにやろうではないか。それをやれる時代なのだということを訴えたいと思います。

帝国主義と覇権主義——三つの点で修正・補強を行った

改定綱領第9節は、続いて資本主義世界の政治的諸矛盾についてのべています。綱領改定作業のプロセスのなかで、帝国主義論、覇権主義論も今日にふさわしいものにしました。三つの点で修正・補強を行いました。

〈アメリカ帝国主義の侵略性——二つの核心をより普遍的な形で記述〉

第一は、アメリカ帝国主義の侵略性について、情勢の進展を踏まえて新しい整理を行ったこと

米海兵隊普天間基地（沖縄県宜野湾市）

であります。

わが党は、2004年の綱領改定のさいに、帝国主義論の理論的発展を行いました。植民地体制が崩壊し、植民地支配を許さない国際秩序がつくられた今日では、ある国を帝国主義と呼ぶときには、その国が独占資本主義の国だということを根拠にするのではなく、「その国の政策と行動に侵略性が体系的に現れているときに、その国を帝国主義と呼ぶ」（綱領改定案を提案した第22回党大会第7回中央委員会報告、不破哲三『報告集　日本共産党綱領』〈日本共産党中央委員会出版局、2004年刊〉99ページ）という立場を明らかにし、この立場にたって綱領で次のように表明しました。

「いま、アメリカ帝国主義は、世界の平和と安全、諸国民の主権と独立にとって最大の脅威となっている」（本書、170ページ）

この綱領の命題は、現在も的確であり、改定綱領にもそのまま明記しています。

ただ、アメリカ帝国主義の侵略性がどういう形で現れているかについて、改定前の綱領では、当時の情勢を反映して、「新しい植民地主義」、「『世界の警察官』と自認」、「世界の唯一の超大国」などの記述がありました。これらは現状にあわなくなっており、一部改定のさいに削除しました。

同時に、改定前の綱領には、アメリカ帝国主義の侵略性の最大の現れの一つである、地球的規模での軍事基地網と常時介入態勢という記述がないという問題がありました。世界をぐるりと取り囲む形で、軍事基地網をはりめぐらしている。そのような国は世界にアメリカ一国しかありません。ここにアメリカの帝国主義的侵略性の最大の現れの一つがあります。この点は一部改定のさいに補強しました。

こうして、アメリカの帝国主義的侵略性についての記述は、次のようになりました。

「アメリカが、アメリカ一国の利益を世界平和の利益と国際秩序の上に置き、国連をも無視して他国にたいする先制攻撃戦略をもち、それを実行するなど、軍事的覇権主義に固執していることは、重大である。アメリカは、地球的規模で軍事基地をはりめぐらし、世界のどこにたいしても介入、攻撃する態勢を取り続けている。そこには、独占資本主義に特有の帝国主義的侵略性が、むきだしの形で現れている」(同前、169～170ページ)

「先制攻撃戦略」を中心とする軍事的覇権主義と、地球的規模での軍事基地網と常時介入態勢という、アメリカ帝国主義の侵略性の二つの核心を、より普遍的な形で明らかにする記述になったと思います。

〈「世界の構造変化」を踏まえた弾力的アメリカ論――将来を見据えていよいよ大切に〉

第二は、「世界の構造変化」を踏まえて、次のような弾力的なアメリカ論を明記したことです。

「軍事的覇権主義を本質としつつも、世界の構造変化のもとで、アメリカの行動に、国際問題を外交交渉によって解決するという側面が現われていることは、注目すべきである」（同前、170ページ）

この問題にかかわって、私が強調しておきたいのは、わが党は、すでに2003年6月、当時の綱領改定案を提案した第22回党大会第7回中央委員会の報告のなかで、次のようにのべていたということです。

「私たちは、アメリカについても、将来を固定的には見ません。

従来、『帝国主義の侵略性に変わりはない』などの命題が、よく強調されました。……しかし、いまでは、状況が大きく違っています。私たちは、国際秩序をめぐる闘争で、一国覇権主義の危険な政策を放棄することをアメリカに要求し、それを実践的な要求としています。そして、これは、世界の平和の勢力の国際的なたたかいによって、実現可能な目標であることを確

信しています」（前掲『報告集　日本共産党綱領』101ページ）

「将来を固定的に見ていない」――このことを強調したわけであります。2003～04年の時期は、アフガニスタン戦争、イラク戦争など、アメリカの一国覇権主義が荒れ狂っていたさなかでした。いま振り返っても、そうしたなかで、このような柔軟で弾力的なアメリカ論を明らかにしたことは、先駆的な意義があったと思います。

この決定を足掛かりにして、わが党は、「将来」だけでなく、「現在の局面」においても、アメリカを固定的に見ない、アメリカを一側面だけで見ない、という立場を発展させていきました。

8中総の提案報告でのべたように、わが党は、この間の一連の大会決定で、「世界の構造変化」のもとで、アメリカの動向を「いつでもどこでも覇権主義・帝国主義の政策と行動をとる」と捉えるのではなく、時と場所によっては、外交交渉による解決を模索する側面も現れうるという、複眼の捉え方の重要性を強調してきました。

こうした弾力的なアメリカ論の生命力は、この間のアメリカ自身の行動によって証明されました。この十数年の理論と実践を踏まえ、その立場を綱領にも明記しましたが、これはアメリカ帝国主義論の重要な発展となったと思います。

また、今日のアメリカを見てください。アメリカでは、社会進歩をめざす新しい胎動が間違いなく広がっています。毎回の大統領選挙で、「社会主義」を名乗る候補が有力候補として登場するという状況となっています。これは、やがては力関係が変わって、現実に勝利することも起こりうるわけです。その時には、アメリカ帝国主義の姿がどうなるか。予断をもって言えませんが、大きな変動も起こりうると思います。

今日のアメリカで、社会進歩をめざす新しい胎動が広がっているもとで、将来を見据えても、今後、改定綱領の立場でアメリカに向き合っていくことは、いよいよ大切になるということを強調しておきたいと思います。

ただし、8中総の提案報告でも強調したことですが、改定綱領のこの規定のなかで、「軍事的覇権主義を本質としつつも……」と、本質はここにあるとのべていることに留意していただきたいと思います。本質をしっかり見据えながら、複眼でとらえていくことが重要だということを、重ねて強調しておきたいと思います。

〈「どんな国であれ覇権主義を許さない」――国際連帯の中心課題に据えた〉

第三に、覇権主義はアメリカ一国ではありません。改定綱領では、いくつかの大国で強まっている大国主義・覇権主義の問題にも視野を広げて、どんな国であれ覇権主義を許さないことを国際連帯の中心課題の一つにすえました。改定綱領には次の記述を新たに明記しました。

「いくつかの大国で強まっている大国主義・覇権主義は、世界の平和と進歩への逆流となっている。アメリカと他の台頭する大国との覇権争いが激化し、世界と地域に新たな緊張をつく

りだしていることは、重大である」（本書、170ページ）

ここで「いくつかの大国」で、念頭に置いたのは中国とロシアであります。

なお、8中総の提案報告で、「米中の対立は、かつての米ソ対決と異なり、資本主義的世界市場のなかで、経済的には相互依存を深めるもとでの、覇権争いと捉えられるべき性格の問題であります」とのべていることに注目していただきたいと思います。

かつての米ソ対決というのは、異なる体制間の覇権争いでした。崩壊したソ連の体制について、わが党は、政治的な上部構造だけではなく経済的土台においても社会主義とは無縁の体制であったという判断をしています。この社会がいかなる社会構成体であったかの問題については、固定的な結論を出していませんが、旧ソ連の体制がアメリカなどの体制と異なる体制であったことは間違いありません。かつての米ソ対決というのは、そうした異なる体制間の覇権争いであって、互いに相手の体制に打ち勝つことを目的とした争いであり、ソ連崩壊によってそれは終焉《しゅうえん》しました。

それでは今日の米中の対立はどうかというと、それとは明らかに性格を異にしています。米中双方のグローバル大企業が、地球規模で市場争奪戦を繰り広げ、両国は、国際的には、単一の資本主義的世界市場の不可分の構成部分となっています。経済的には相互依存を深めながらの覇権争い、同時に、軍事衝突の危険もはらむ覇権争いとして、米中の対立を捉える必要があります。

こうした今日の世界における覇権主義についての認識を踏まえて、改定綱領には、国際連帯の課題として、アメリカの一国覇権主義に反対するという従来の規定に代えて、中国、ロシアも含めて、「どんな国であれ覇権主義的な干渉、戦争、抑圧、支配を許さず、平和の国際秩序を築く」という命題を強く押し出しました。

この命題は、相手がアメリカであれ、旧ソ連であれ、中国であれ、あらゆる覇権主義と正面から闘い続けてきた自主独立の党ならではの重みをもつ命題であることを、強調したいと思います。

改定綱領は、未来社会への道を、より豊かに多面的にしめすものとなった

改定綱領の第3章は、次の言葉で結ばれています。

「世界史の進行には、多くの波乱や曲折、ときには一時的な、あるいはかなり長期にわたる逆行もあるが、帝国主義・資本主義を乗り越え、社会主義に前進することは、大局的には歴史の不可避的な発展方向である」（本書、171ページ）

この記述は、改定前の綱領の記述をそのまま変えずに、結びとしたものです。ただ、お話ししてきたように、改定綱領は、ジェンダー平等、貧富の格差、気候変動、帝国主義・資本主義の政治的矛盾の深まりなど、さまざまな新たな問題を〝入口〟にして、未来社会への道をより豊かに

多面的に示すものとなったのではないでしょうか。

「社会主義に前進することは、大局的には歴史の不可避的な発展方向」という綱領のこの世界論の結論的な命題は、綱領一部改定によって、２１世紀の今日、より現実性をもった、より重みのある命題となったということを、強調したいと思います。

五、社会主義革命の世界的展望にかかわるマルクス、エンゲルスの立場が押し出せるように

講義の第五章に進みます。

第三に、中国に対する綱領上の規定の見直しは、綱領の未来社会論でも「新たな視野」を開きました。「発達した資本主義国での社会変革は、社会主義・共産主義への大道」という、マルクス、エンゲルスの本来の立場を、綱領で堂々と押し出すことができるようになりました。改定綱領では、この命題を綱領第5章の新しい第18節に書きこみました。

マルクス、エンゲルスが明らかにした社会主義革命の世界的展望

マルクス、エンゲルスが明らかにした社会主義革命の世界的展望はどのようなものだったのか。8中総の提案報告で簡単に触れていますが、今日は少し立ち入って明らかにしておきたいと思います。

〈〝資本主義が進んだ国から革命がはじまり、イギリス革命が決定的意義をもつ〟〉

マルクス、エンゲルスは、資本主義を乗り越える社会主義革命を展望したときに、この革命は、当時の世界で、資本主義が最も進んだ国――イギリス、ドイツ、フランスから始まるだろうと予想し、どこから始まるにせよ、当時の世界資本主義で支配的地位を占めていたイギリスでの革命が決定的な意義をもつことを繰り返し強調しました。この問題について、マルクス、エンゲルスは、若い時期から晩年の時期までさまざまな発言を残していますが、いまのべたことは、彼らの一貫した見通しでした。

マルクスが1870年に執筆した論文を紹介したいと思います。

「革命的なイニシアチブはおそらくフランスによってとられるであろうが、真剣な経済的革命の槓杆《こうかん》（テコのこと——引用者）として役だちうるのはイギリスだけである。イギリスは、もはや農民が存在せず、土地所有がほんの少数の手に集中しているただひとつの国である。また、資本主義的形態——すなわち、資本主義的企業家のもとに大規模に結合された労働——がほとんど全生産を支配しているただひとつの国である。また、人口の大多数が賃金労働者からなっているただひとつの国であり、階級闘争と労働組合による労働者階級の組織化とが、ある程度の成熟さと普遍性を獲得しているただひとつの国である。さらに、その世界市場の支配によって、その経済関係におけるどんな革命も、直接に全世界に作用を及ぼさざるをえないただひとつの国である。地主制度と資本主義がこの国にその古典的な本拠をもっているとすれば、他方ではこれを破壊する物質的諸条件がここで最も成熟しているわけである」（マルクス「総評議会からラテン系スイス連合評議会へ」、全集⑯380〜381ページ、古典選書『マルクス　インタナショナル』129ページ）

ここでマルクスが、イギリスにおける社会主義革命の条件の成熟について、二つの面から語っていることに注目したいと思います。

一つは、「資本主義的企業家のもとに大規模に結合された労働」——資本主義の発展がつくりだす客観的条件です。もう一つは、「階級闘争と労働組合による労働者階級の組織化」——社会変革の主体的条件の「ある程度の成熟」です。この二つの側面で、イギリスが社会主義革命の条件が最も成熟した国だとのべています。さらにイギリスでの革命が、その「世界市場の支配」によって、全世界にとって重要な意義を持つことを強調していることにも、注目したいと思います。

マルクスがこの論文を書いたのは、１８７０年1月1日でした。その後、１８７１年のフランスでのパリ・コミューンとその敗北を経て、マルクス、エンゲルスは、革命の先駆けの役割は、フランスからドイツに移ったと見ました。さらに１８８０年代には、ロシア革命が社会革命の「合図」となる可能性にも言及しましたが、その場合でも、西ヨーロッパの革命、とくにイギリスの革命が決定的意義をもつことを強調しました。

マルクスが、イギリスの革命の決定的意義について、社会主義に進む客観的・主体的条件の成熟という問題とともに、「世界市場の支配」ということを重視していることは、今日、たいへんに重要だと思います。今日、一握りのグローバル大企業による「世界市場の支配」が、世界経済のなかで、１９世紀のイギリスとは比較にならない支配力をもっているという現実にてらしても、マルクスの示したこの見地は、２１世紀の世界で社会主義変革を考えるうえでも重要な観点になると思います。

〈ヨーロッパ革命と遅れた国ぐにの変革の関係――エンゲルスが描いた展望〉

いま一つ、資本主義の発展の遅れた地域をどう考えていたか。マルクス、エンゲルスは、資本主義の発展の遅れた地域についても、その未来が社会主義への前進にあることを指摘しましたが、ヨーロッパでの革命が「巨大な力」とも、「模範」ともなって、これらの地域の社会主義的変革に影響を及ぼすだろうと考えていました。

エンゲルスが、1882年9月12日にカウツキーにあてた手紙を紹介します。

「まずヨーロッパが（社会主義的に――引用者）改造されて北アメリカに及べば、それが巨大な力ともなれば模範ともなって、半開の諸国はまったくひとりでにひきずりこまれるわけです。経済的な必要から見ただけでもそうなります。しかし、それからこれらの国々が、同様に社会主義的な組織に到達するまでには、社会的および政治的などんな諸段階を通らなければならないか、これについては、思うに、われわれは今のところではただかなり無用な仮説を立てることができるだけです。ただ一つ次のことだけは確実です。それは、勝利を得たプロレタリアートは、自分自身の勝利を無にすることなしには、他のどんな民族にたいしてもどんな恩恵も押しつけることはできない、ということがそれです。といっても、もちろん、このことは、いろいろな種類の防衛戦争をけっして排除するものではありません」（1882年9月12日　エンゲルスからカウツキーへの手紙　全集㉟307ページ、古典選書『マルクス、エンゲルス書簡選集』中巻244ページ）

この手紙の最後の部分はたいへんに有名です。勝利を得たプロレタリアートは、〝革命の輸出〟をしてはならない、そんなことをやれば革命は台無しになると、厳しく戒めた文章として有名ですが、その前の部分にも注目してみたいと思います。

ここでエンゲルスは、ヨーロッパでの革命が「巨大な力」「模範」となって、遅れた国ぐにを社会主義の道に引き込む場合でも、それらの国ぐにが「社会主義的な組織に到達」するまでには、「社会的および政治的」な「諸段階」が必要になるとのべています。その具体的内容については「無用な仮説を立てる」ことしかできない――いまいうことはできないとのべつつ――、「諸段階」が必要になると指摘していることに注目したいと思います。つまり、そうした場合でも、遅れた国ぐにで一挙に社会主義に進むことはできない、――ここまでエンゲルスが目配りをした発言をしていることに注目したいと思います。

マルクス、エンゲルスから二つの文献を紹介しました。これらの文献からも明らかなように、「発達した資本主義国における社会変革は、社会主義・共産主義への大道」という改定綱領が押し出した命題は、もともとマルクス、エンゲルスが当然の見方としていたことだったということを、強調したいと思います。

中国に対する綱領上の規定の見直しは、未来社会論でも新たな画期的視野を開いた

ところが、これまでは、マルクス、エンゲルスのこの立場を、綱領に明記するわけにはいかない状況がありました。

なぜなら現実に、資本主義から離脱して社会主義への道にふみだしたのが、ロシア、さらには中国という、資本主義の発展が遅れた国だったからです。

改定前の綱領についても、資本主義的発達が遅れた状態から出発して、「社会主義をめざす新しい探究を開始」している国が、「世界史の重要な流れになりつつある」という認識に立っていました。すなわち「二つの体制の共存」という世界論・時代論に立っていました。そのために、簡単に、この命題を綱領に書き込むわけにはいかないという状況がありました。

中国に対する綱領上の規定の見直し、それにともなう「二つの体制の共存」という世界論・時代論の見直しなど、今回の綱領一部改定によって、こうした状況は根本から変わりました。社会主義革命の世界的展望にかかわるマルクス、エンゲルスの本来の立場を、正面から堂々と綱領で押し出すことができるようになりました。それは、未来社会論においても、新たな画期的な視野

を開くものとなったのであります。

「発達した資本主義国における社会変革は、社会主義・共産主義への大道」という命題は、8中総の結語でのべたように、ロシア革命以降の一世紀の歴史を概括して、私たちが「一つの世界史的な『割り切り』」（『前衛』特集号、69ページ）をした結果として導いた命題であったことを、強調しておきたいと思います。

未来社会に継承すべき「五つの要素」——マルクス、エンゲルスが力説したもの

次に進みます。改定綱領の第5章の最後の第18節は、資本主義の高度な発展そのものが、その胎内に未来社会に進むさまざまな客観的条件、および主体的条件をつくりだすこと、それらは生産手段の社会化を土台にして、未来社会において発展的に継承されていくことを、次の「五つの要素」を列挙して明らかにしました。

一つは、「資本主義のもとでつくりだされた高度な生産力」。

二つは、「経済を社会的に規制・管理するしくみ」。

三つは、「国民の生活と権利を守るルール」。

四つは、「自由と民主主義の諸制度と国民のたたかいの歴史的経験」。

五つは、「人間の豊かな個性」。

以上の「五つの要素」にまとめました。

ここで強調しておきたいのは、これらの諸要素は、そのどれもがすべて、マルクス、エンゲルスが力説したものであるということです。このことを古典にたちかえってのべておきたいと思います。

〈「高度な生産力」――未曽有の生産力を発展させ、未来社会の物質的土台をつくる〉

第一の要素――「資本主義のもとでつくりだされた高度な生産力」についていえば、マルクスは、資本主義のもとで、資本は、最大の利潤をくみあげるために、「生産のための生産」に突き進み、未曽有の生産力の発展を達成し、未来社会のための物質的条件を創造することを、くりかえし語っています。マルクスの『資本論』の一節を紹介します。

「価値増殖の狂信者として、彼（人格化された資本のこと――引用者）は容赦なく人類を強制して、生産のために生産させ、したがって社会的生産諸力を発展させ、そしてまた、各個人の完全で自由な発展を基本原理とするより高度な社会形態の唯一の現実的土台となりうる物質的生産諸条件を創造させる」（『資本論』第一部第七篇第22章「剰余価値の資本への転化」、新版④

1030ページ）

ここでマルクスが、「各個人の完全で自由な発展を基本原理とするより高度な社会形態」といっているのは、社会主義・共産主義社会のことです。資本主義は、未曽有の社会的生産諸力を発展させ、未来社会の土台となりうる物質的諸条件を発展させる。この基本命題が書かれています。

〈「経済を社会的に規制・管理するしくみ」――銀行制度は未来社会に進むテコになる〉

第二の要素――「経済を社会的に規制・管理するしくみ」に関わっては、マルクスの代表的な論述として、『資本論』第三部信用論のなかの一節を紹介したいと思います。

「銀行制度は、形式的な組織と集中という点から見れば、……およそ資本主義的生産様式が生み出すもっとも人為的でもっとも発達した産物である。……この銀行制度とともに、社会的規模での生産諸手段の一つの一般的な記帳および配分の形態が、ただしその形態だけが与えられる……。

……資本主義的生産様式から結合した労働の生産様式（社会主義的生産様式――引用者）への移行の時期に、信用制度が有力な槓杆《こうかん》として役立つであろうことは、なんの疑いもない。とはいえ、それはただ、生産様式自体の他の大きな有機的諸変革と連関する一要素としてでしかない」（『資本論』第三部第五篇第36章「資本主義以前［の状態］」、新書版⑪1062～64ページ、

上製版Ⅲb1068〜1069ページ）

ここでマルクスは、銀行制度について、「社会的規模での生産諸手段の一つの一般的な記帳および配分の形態」と言っています。これはどういうことか。

たとえば、大銀行の帳簿をここに持ってきたとします。その帳簿を見れば、銀行がどの企業にどれだけの資金を貸しているか分かります。それだけでなく貸し付けする相手企業の財務状況はどうなっているのかについても分かるはずです。さらに、日本における銀行グループの全体の帳簿をここに持ってきたとしますと、日本において、生産諸手段――工場、機械、土地などが、社会全体でどのように配分され、どのように使われているかが、一目瞭然となるでしょう。銀行制度というのは、そういう意味で、経済を社会的に規制・管理する一つの重要な仕組みになっているわけです。マルクスはここをとらえて、銀行制度・信用制度が、未来社会への移行の時期に「有力な槓杆になる」という解明を行いました。

ただそうなるには条件があって、「生産様式自体の他の大きな有機的諸変革と連関する一要素としてでしかない」――生産手段の社会化という大きな変革のなかで、「有力な槓杆」の一つとしての役割を果たすのだと、マルクスはあわせて強調しています。

「経済を社会的に規制・管理するしくみ」は、いろいろな形で、資本主義の発達とともにその胎内に生まれてきます。それをテコにして未来社会に進むことができる。これが二つ目の要素であります。

〈「国民の生活と権利を守るルール」――「新しい社会の形成要素」を成熟させる〉

第三の要素――「国民の生活と権利を守るルール」に関わっては、マルクスは『資本論』のなかで、次のような解明を行っています。

――資本は、社会によって強制されなければ、無制限の利潤追求に走ってしまい、そのことによって社会のまともな発展の条件を自ら掘り崩すことになる。

――そうした破局的事態をさけ、労働者の命と暮らしを守り、経済社会のまともな発展を進めるためには、工場立法によって労働時間を法律で規制するなど、「社会による強制」が避けて通れなくなる。

――労働者は結束して、自分と家族、労働者を守るための国の法律――「社会的バリケード」＝工場立法をたたかいとらなければならない。

そして、マルクスは、こうした工場立法が一般化すること――労働時間短縮の立法が社会全体に広がることが、社会変革にとってどういう役割を果たすかについて、次のような歴史的意義づけを行っています。

「工場立法の一般化は、……新しい社会の形成要素と古い社会の変革契機とを成熟させる」（『資本論』第一部第四篇第一三章「機械と大工業」、新版③877ページ）

マルクスはここで、工場立法の一般化のもつ意義を、二つの側面から解明しています。

第一は、古い生産の諸形態をしめだし、労働過程の全体を「大きな社会的規模での結合された労働過程」に転化することを促進し、「生産過程の物質的諸条件および社会的結合」とともに、資本主義の胎内で「新しい社会の形成要素」を成熟させるということです。工場立法が、新しい社会への客観的条件をつくりだすことを、マルクスは「新しい社会の形成要素」という言葉で表現しました。

第二は、工場立法の一般化によって、労働者に対する「資本の直接的なむき出しの支配」が産業全体に広がり、「資本の支配に対する直接的な闘争」を一般化させ、「古い社会の変革契機」を成熟させるということです。工場立法の一般化によって、労働者階級が成長・発展し、社会変革の主体的条件を成熟させるということをのべています。

（注）マルクス『資本論』のこの部分の文章の全体を紹介しておきます。難しい言い回しも多いのですが、工場立法と社会変革の関連について考察した重要な文章ですので、研究していただければと思います。

「労働者階級の肉体的および精神的な保護手段として工場立法の一般化が不可避的になると、他方で、それは、すでに略述したように、矮小《わいしよう》な規模の分散した労働過程から大きな社会的規模での結合された労働過程への転化を、したがって資本の集中と工場体制の排他的支配とを一般化し、かつ促進する。工場立法の一般化は、資本の支配をなお部分的に背後におおい隠しているすべての古い諸形態および過渡的諸形態を破壊して、資本の直接的なむき出しの支配に置き換える。したがってそれは、資本の支配にたいする直接的な闘争をも一般化する。工場立法の一般化は、個々の作業場においては、斉一性《せいいつ》、規則正しさ、秩序、および節約を強要するが、他方では、労働日の制限と規制が技術に押しつける強大な刺激によって、全体としての資本主義的生産の無政府性と破局、労働の強度、そして機械と労働者との競争を増大させる。工場立法の一般化は、小経営および家内労働の領域とともに、『過剰人口』の最後の避難所を破壊し、そしてそれとともに全社会機構の従来の安全弁を破壊する。工場立法の一般化は、生産過程の物質的諸条件および社会的結合とともに、生産過程の資本主義的形態の諸矛盾と諸敵対とを、それゆえ同時に、新しい社会の形成要素と古い社会の変革契機とを成熟させる」（新版③877ページ）

2010年の第25回党大会への中央委員会報告では、わが党の綱領でのべている「ルールある経済社会」とは、資本主義の枠内で実現すべき目標ですが、労働時間の抜本的短縮、両性の平等と同権、人間らしい暮らしを支える社会保障など、この改革で達成された成果の多くは、未来社会にも引き継がれていくという展望をのべました。

『資本論』でマルクスがのべた、「工場立法の一般化は、……新しい社会の形成要素と古い社会の変革契機とを成熟させる」との解明は、わが党の綱領の示す「ルールある経済社会」という方針が、当面する民主的改革の中心課題の一つであるだけでなくて、未来社会――社会主義・共産

Neue Rheinische Zeitung.
Organ der Demokratie.

マルクスとエンゲルスがドイツにおける民主共和制の樹立を主張した「新ライン新聞」の創刊号（右、1848年6月1日）と最終号（左、1849年5月19日）――マルクス、エンゲルスは、人民主義と民主共和制の論陣をはりました

主義社会に進むうえで、その客観的条件および主体的条件をつくりだすという意義をもっているということを、大きなスケールで描き出すものとなっています。

〈「自由と民主主義」――「民主共和制」の旗を一貫して掲げ続けた〉

第四の要素――「自由と民主主義の諸制度と国民のたたかいの歴史的経験」についてはどうでしょうか。

マルクス、エンゲルスは、１９世紀の４０年代に革命運動に参加した初めの時期から、その生涯を閉じるまで、民主共和制――主権者である国民全体に選挙権を保障する普通選挙権と、国民が自由な選挙で選んだ

国会が主権を行使する国の最高機関となる体制の実現を、労働者と人民の運動の中心的な政治目標として主張し続けました。

エンゲルスはその最晩年に、自らの活動を振り返って次のような言葉を残しています。

「マルクスと私とは、四〇年も前から、われわれにとって民主共和制は、労働者階級と資本家階級との闘争が、まず一般化し、ついでプロレタリアートの決定的な勝利によって、その終末に到達することのできる唯一の政治形態であるということを、あきあきするほど繰りかえしてきているのである」（エンゲルス「尊敬するジョヴァンニ・ボーヴィオへの回答」1892年2月6日、全集㉒287ページ、古典選書『エンゲルス　多数者革命』198ページ）

ここにも明らかなように、民主共和制についてのマルクス、エンゲルスの態度は、きわめて明瞭です。それは、自由と民主主義の中心課題であり、資本主義のもとで獲得すべき闘争目標であると同時に、社会主義革命の勝利を可能にする政治形態であり、さらには、革命の勝利後に成立する社会主義の国家がとるべき国家形態でした。この国家形態のもとで、自由と民主主義が全面的に花開く社会をつくる――これが彼らが一貫して追求した基本路線でした。日本共産党は、科学的社会主義のこの立場を、まっすぐに受け継いでいるということを、私は、強調したいと思います。

日本共産党に対して、「独裁」とか、「専制」などといった攻撃を投げかけてくるものがいますが、それはマルクス、エンゲルスの立場とも、本来の社会主義の立場とも、まったく無縁の中傷であり、デマだということを、はっきりとのべておきたいと思います。

〈「人間の豊かな個性」――「個性」の発展という角度から人類史を概括〉

第五の要素――「人間の豊かな個性」についてはどうでしょうか。

マルクスは、『資本論』の最初の草稿――『57～58年草稿』のなかで、「個人」「個性」の発展という角度から、人類史の発展を三つの段階に概括して、次のようにのべています。数字と段落は、私がつけたものです。ノートということもあり、読みづらい言葉も多いのですが、まず読んでみたいと思います。

「1、人格的な依存諸関係（最初はまったく自然生的）は最初の社会形態であり、この諸形態においては人間的生産性は狭小《きょうしょう》な範囲においてしか、また孤立した地点においてしか展開されないのである。

2、物象的依存性のうえにきずかれた人格的独立性は第二の大きな形態であり、この形態において初めて、一般的社会的物質代謝、普遍的諸関連、全面的諸欲求、普遍的諸力能といったものの一つの体系が形成されるのである。

3、諸個人の普遍的な発展のうえにきずかれた、また諸個人の共同体的、社会的生産性を諸個人の社会的力能として服属《ふくぞく》させることのうえにきずかれた自由な個性は、第三の段階である。

第二段階は第三段階の諸条件をつくりだす」（『資本論草稿集』①138ページ）

第一段階（**第一段落**）は、「人格的な依存諸関係」です。これは原始共産主義から奴隷制、封建制までの段階です。原始共同体では、人間は共同体の一部として、共同体に依存する関係になっており、まだ独立した人格は生まれていません。奴隷制や封建制ではどうか。これらの社会制度のもとでは、被支配階級の人間は、奴隷として、また農奴として、その人格がまるごと隷属《れいぞく》下におかれます。人格的な独立性がまだ存在していません。こういう段階では、ごく一部の支配階級は別にして、大多数の抑圧された人々のなかでは、豊かな個性の発展は問題になりえません。これが第一の段階です。

第二の段階（**第二段落**）は、「物象的依存性のうえにきずかれた人格的独立性」です。これは資本主義社会のことです。この社会になって初めて、人格的な隷属は過去のものになります。労働者は資本との関係で、搾取・従属関係におかれていますけれども――そのことをマルクスは「物象的依存性」という言葉でのべています――、人格的には独立しています。こうした人間の「人格的独立性」が、社会全体の規模で現実のものになるのは、資本主義の段階であるわけです。この段階になって初めて、社会全体の規模で、人間の豊かな個性が発展することができるようになり、個人の権利や自由についての自覚が大きく発展することも可能になります。ただ、この段階は、「人格的独立性」を獲得したけれども、まだ搾取のもとにおかれているという限界があります。

第三段階（**第三段落**）は、社会主義・共産主義の段階です。マルクスは「自由な個性」という言葉を使っていますが、まさに人間の「自由な個性」が、搾取関係という手かせ、足かせからも解放されて、豊かに全面的に開花する社会を、彼は、未来社会のなかに見いだしました。

ここで、マルクスが、「第二段階は第三段階の諸条件をつくりだす」とのべ、「第二段階」――資本主義社会の果たす歴史的意義を強調しているところが、大切なところだと思います。マルクスは、社会主義・共産主義社会の構成員になる、人格的に独立し、豊かな個性をもった自由な人間自体が、資本主義社会の時代を通じて準備される、そこに資本主義社会の一つの大きな歴史的使命があるということを、壮大なスケールで明らかにしているのであります。

改定綱領で「五つの要素」としてまとめた形で整理した意義
――四つの角度から

このように、資本主義の高度な発展がつくりだし、未来社会に継承すべき「五つの要素」は、どれもマルクス、エンゲルスが明らかにしたものですが、それを改定綱領のなかで「五つの要素」としてまとめた形で整理したことは、私は、重要な意義をもつものになったと思います。

そのことを四つの角度から強調しておきたいと思います。

〈発達した資本主義国における社会変革が「大道」であることを理論的に裏付けた〉

第一は、それは、「発達した資本主義国における社会変革は、社会主義・共産主義への大道」という命題を理論的に裏付けるものとなりました。

すなわち発達した資本主義国において、私たちが、社会主義的変革に踏み出した場合には、社会主義・共産主義を建設するために必要な前提が、「五つの要素」という形で、すでに豊かな形で成熟しているのであります。それらの成熟した諸条件をすべて生かして、生産手段の社会化を土台に、発展的に継承して新しい社会をつくることができるわけであります。

こうして「五つの要素」という整理は、「発達した資本主義国における社会変革」こそ、社会主義・共産主義にいたる「大道」――一般的・普遍的な道であることを、理論的に裏付けるものになっていると思います。

〈未来社会のイメージ――「豊かで壮大な可能性」がより具体的につかめるように〉

第二に、「五つの要素」という整理によって、わが党がめざす未来社会のイメージがよりつかみやすくなったのではないでしょうか。

未来社会について青写真は描かない――これはマルクス、エンゲルスの立場であり、わが党の立場であります。同時に、そのイメージを、国民に、できるだけわかりやすく伝えていくことが大切であります。

わが党は、2004年の綱領改定で、「生産手段の社会化」を社会主義的変革の中心にすえるとともに、労働時間の抜本的短縮によって「社会のすべての構成員の人間的発達」を保障する社会という、マルクス本来の未来社会論を生きいきとよみがえらせました。労働時間の抜本的短縮によって、社会のすべての構成員が自由に使えるたくさんの時間を得ることができるようになる、それを使って自分のなかに眠っている潜在的な力を存分に発揮して、すべての人間が自由で全面的な発展をとげることができるようになる。そのことが社会全体のすばらしい発展をもたらす。2004年の綱領改定では、こういうマルクス本来の未来社会論の核心に光をあて、綱領のなかにしっかりとすえました。

今回の綱領一部改定では、これを未来社会論の核心に引き続きすえるとともに、綱領の未来社会論にもう一つの「核」をつけくわえたと言えると思います。

すなわち、私たちのめざす社会主義・共産主義の社会が、資本主義の高度な発展によって達成した「五つの要素」を継承・発展させる社会――高度な生産力だけでなく、経済の社会的な規制・管理のしくみ、国民の生活と権利を守るルール、自由と民主主義の諸制度、人間の豊かな個性などの面でも、資本主義社会での達成をすべて引き継ぎ、豊かに発展させる社会であることを、まとまって綱領で明示することによって、未来社会のイメージ、その豊かで壮大な可能性がより具体的につかめるようになったのではないでしょうか。国民のみなさんにも、私たちのめざす未来社会のイメージが、より語りやすくなったのではないでしょうか。

〈今のたたかいが未来社会に地続きでつながっている」ことがより明瞭になった〉

第三に、「五つの要素」という整理によって、「今のたたかいが未来社会へと地続きでつながっている」ことがより明瞭になったと思います。

大会の綱領報告でのべたように、「五つの要素」のなかには、資本主義の発展が必然的につくりだす要素もありますが、人民のたたかいによって初めて現実のものとなる要素もあります。「国民の生活と権利を守るルール」は、労働時間短縮の歴史が証明しているように、世界でも日本でも、人民のたたかいによってつくりだされてきたものです。「自由と民主主義の諸制度」も、世界各国人民のたたかいによって、多くの犠牲のうえにかちとられ、豊かにされてきたものです。

「人間の豊かな個性」の発展も、資本主義社会のもとで自動的に進行するものではありません。民主主義の感覚、人権の感覚、主権者意識、ジェンダー平等の感覚——これらはどれも、人間に最初から備わっているものではありません。人民のたたかいによって歴史的につくられてきたものであり、つくられつつあるものにほかなりません。今日の講義では、ジェンダー平等についてもお話ししましたが、ジェンダー平等の感覚も、私たちがいま、ジェンダー差別をつくりだす政治を変えるたたかいに取り組むとともに、学び、自己改革するなかで身につけていかなければならない感覚です。

「今のたたかいは、そのすべてが未来社会へと地続きでつながっており、未来社会を根本的に準備する」――こういう大志とロマンのなかに、現在の私たちのたたかいを位置づけるうえでも、「五つの要素」という整理は力を発揮すると思います。

〈旧ソ連、中国など――自由と民主主義、個性の発展などの取り組みは無視された〉

第四に、「五つの要素」という整理は、ソ連がなぜ崩壊し、中国でなぜさまざまな問題点や逆行が噴き出しているかを明らかにするものともなりました。

その直接の原因は、指導勢力の誤りにありますが、この両者に共通している根本の問題は、出発点の遅れという問題でした。言葉を換えて言いますと、「五つの要素」――社会主義を建設するために必要な前提が、革命の当初、どれも存在しないか未成熟でした。それらの国々では、革命を行ったのちに、社会主義を建設するために必要な前提として、これらの諸要素をつくりだす必要がありました。ここに、遅れた国から出発した革命の困難性がありました。

ところが、これまでの一連の革命では、この困難性を正面から直視し、打開するための取り組みがなされたとは言えませんでした。「五つの要素」のなかで、生産力の発展などはそれなりに重視されても、とくに自由と民主主義の諸制度をつくるための努力、人間の豊かな個性の発展などの取り組みなどは無視されました。

スターリンによって反対政党の存在や活動を認めず、社会主義の名のもとに一つの党による政権の独占を憲法上の制度にするという、社会主義とはおよそ無縁の反民主主義の制度がつくられ、各国に広げられました。人間の豊かな個性の発展どころか、人間を抑圧し、個性を圧殺する人権侵害が、深刻な形で行われました。そこに挫折や変質の根本的原因があることを指摘しなくてはなりません。

逆に言いますと、「五つの要素」の豊かな発展を土台に、社会主義・共産主義へと進むことを展望する日本においては、旧ソ連や中国のような人権侵害や民主主義抑圧は決して起こりえません。自由、民主主義、人権など、資本主義時代の価値ある成果のすべてが受け継がれ、豊かに花開く社会が訪れることは、わが党の綱領上の確固たる公約にとどまらず、社会発展の法則的な必然であることを、「五つの要素」という整理によって、より明瞭につかむことができるのではないでしょうか。

改定綱領を全会一致で採択した第28回党大会＝2020年1月18日、静岡県熱海市

綱領一部改定は、綱領の生命力を一段と高めるものとなった

今日は、「改定綱領が開いた『新たな視野』」を主題に、綱領一部改定についてお話をしましたが、中国に対する綱領上の規定の見直しが、綱領全体にあたえた「新たな視野」はきわめて大きなものがあったと言えるのではないでしょうか。

それは、綱領の世界論、未来社会論の考え方の根本を発展させ、さまざまな豊かな内容をつけくわえ、綱領の生命力を一段と高めるものとなりました。中国に対する規定を削除したことが、ジェンダー平等を綱領に書き込むことにもつながったわけですから、論理の運びというのは、なかなか面白いものであります。この内容を、国民のなかで大いに語り、日本の前途を語り合う活動を大いに強めようではありませんか。

日本共産党が置かれた世界的位置を深く自覚して、力をつくそう

〈日本共産党は世界的にも重要な位置に押し出されている〉

改定綱領は「発達した資本主義国での社会変革は、社会主義・共産主義への大道である」という命題に続いて、「日本共産党が果たすべき役割は、世界的にもきわめて大きい」と強調しています。

いまの世界の運動の状況を見ますと、世界の共産党には、ソ連依存主義が実践の面でも理論の面でも強かったために、ソ連の崩壊とともに、多くの共産党が解体したり、弱体化したりしました。中国の毛沢東時代の覇権主義による武装闘争の押しつけが、アジアを中心に、共産党の運動に深刻な打撃を与えたことも指摘しなければなりません。

一方で、世界の資本主義の危機が深まるもとで、資本主義を乗り越えようという運動、「社会主義」をめざす新しい運動が、さまざまな形で生まれています。

こうした世界的状況のもとで、あらゆる覇権主義とたたかい、自主独立の道をつらぬき、理論と実践を鍛え上げてきた日本共産党が、発達した資本主義国での社会変革において、世界的にもきわめて重要な位置に押し出されていることは、疑いがありません。

そういう世界的・歴史的位置にある党であることを深く自覚して、党綱領が示す多数者革命の道を、自信をもって前進しようではありませんか。

〈「特別の困難性」を突破した先には、前人未到の「豊かで壮大な可能性」をもつ未来が〉

改定綱領に明記したように、発達した資本主義国での変革の道は、「特別の困難性」とともに、「豊かで壮大な可能性」をもった事業です。

国民の苦難に心をよせ、国民とともに苦難を一つひとつ解決しながら、強く大きな党をつくり、この党が一翼を担う強大な統一戦線を築き上げようではありませんか。それは不屈性と忍耐強さを必要とする道ですが、「特別の困難性」を突破した先には、前人未到の「豊かで壮大な可能性」をもった未来が開けてきます。こういう大展望をもって奮闘しようではありませんか。

「綱領で党をつくろう」――これを合言葉にして、党員を増やし、「しんぶん赤旗」読者を増やし、強く大きな党をつくる仕事に、新たな決意とロマンをもって取り組むことを、最後に訴えまして、講義を終わります。

資料提供「しんぶん赤旗」（２０２０年３月２２日・３月２９日・４月５日・４月１２日付掲載）

【資料】

日本共産党綱領

２０２０年１月１８日　第２８回党大会で改定

一、戦前の日本社会と日本共産党

（一）日本共産党は、わが国の進歩と変革の伝統を受けつぎ、日本と世界の人民の解放闘争の高まりのなかで、一九二二年七月一五日、科学的社会主義を理論的な基礎とする政党として、創立された。

当時の日本は、世界の主要な独占資本主義国の一つになってはいたが、国を統治する全権限を天皇が握る専制政治（絶対主義的天皇制）がしかれ、国民から権利と自由を奪うとともに、農村では重い小作料で耕作農民をしめつける半封建的な地主制度が支配し、独占資本主義も労働者の無権利と過酷な搾取を特徴としていた。この体制のもと、日本は、アジアで唯一の帝国主義国として、アジア諸国にたいする侵略と戦争の道を進んでいた。

党は、この状況を打破して、まず平和で民主的な日本をつくりあげる民主主義革命を実現することを当面の任務とし、ついで社会主義革命に進むという方針のもとに活動した。

（二）党は、日本国民を無権利状態においてきた天皇制の専制支配を倒し、主権在民、国民の自由と人権をかちとるためにたたかった。

党は、半封建的な地主制度をなくし、土地を農民に解放するためにたたかった。

党は、とりわけ過酷な搾取によって苦しめられていた労働者階級の生活の根本的な改善、すべての勤労者、知識人、女性、青年の権利と生活の向上のためにたたかった。

党は、進歩的、民主的、革命的な文化の創造と普及のためにたたかった。

党は、ロシア革命と中国革命にたいする日本帝国主義の干渉戦争、中国にたいする侵略戦争に反対し、世界とアジアの平和のためにたたかった。

党は、日本帝国主義の植民地であった朝鮮、台湾の解放と、アジアの植民地・半植民地諸民族の完全独立を支持してたたかった。

（三）日本帝国主義は、一九三一年、中国の東北部への侵略戦争を、一九三七年には中国への全面侵略戦争を開始して、第二次世界大戦に道を開く最初の侵略国家となった。一九四〇年、ヨーロッパにおけるドイツ、イタリアのファシズム国家と軍事同盟を結成し、一九四一年には、中国侵略の戦争をアジア・太平洋全域に拡大して、第二次世界大戦の推進者となった。

帝国主義戦争と天皇制権力の暴圧によって、国民は苦難を強いられた。党の活動には重大な困難があり、つまずきも起こったが、多くの日本共産党員は、迫害や投獄に屈することなく、さまざまな裏切りともたたかい、党の旗を守って活動した。このたたかいで少なからぬ党員が弾圧のため生命を奪われた。

他のすべての政党が侵略と戦争、反動の流れに合流するなかで、日本共産党が平和と民主主義の旗を掲げて不屈にたたかい続けたことは、日本の平和と民主主義の事業にとって不滅の意義をもった。

侵略戦争は、二千万人をこえるアジア諸国民と三百万人をこえる日本国民の生命を奪った。この戦争のなかで、沖縄は地上戦の戦場となり、日本本土も全土にわたる空襲で多くの地方が焦土となった。一九四五年八月には、アメリカ軍によって広島、長崎に世界最初の原爆が投下され、その犠牲者は二十数万人にのぼり（同年末までの人数）、日本国民は、核兵器の惨害をその歴史に刻み込んだ被爆国民となった。

ファシズムと軍国主義の日独伊三国同盟が世界的に敗退するなかで、一九四五年八月、日本帝国主義は敗北し、日本政府はポツダム宣言を受諾した。反ファッショ連合国によるこの宣言は、軍国主義の除去と民主主義の確立を基本的な内容としたもので、日本の国民が進むべき道は、平和で民主的な日本の実現にこそあることを示した。これは、党が不屈に掲げてきた方針が基本的に正しかったことを、証明したものであった。

二、現在の日本社会の特質

(四) 第二次世界大戦後の日本では、いくつかの大きな変化が起こった。

第一は、日本が、独立国としての地位を失い、アメリカへの事実上の従属国の立場になったことである。

敗戦後の日本は、反ファッショ連合国を代表するという名目で、アメリカ軍の占領下におかれた。アメリカは、その占領支配をやがて自分の単独支配に変え、さらに一九五一年に締結されたサンフランシスコ平和条約と日米安保条約では、沖縄の占領支配を継続するとともに、日本本土においても、占領下に各地につくった米軍基地の主要部分を存続させ、アメリカの世界戦略の半永久的な前線基地という役割を日本に押しつけた。日米安保条約は、一九六〇年に改定されたが、それは、日本の従属的な地位を改善するどころか、基地貸与条約という性格にくわえ、有事のさいに米軍と共同して戦う日米共同作戦条項や日米経済協力の条項などを新しい柱として盛り込み、日本をアメリカの戦争にまきこむ対米従属的な軍事同盟条約に改悪・強化したものであった。

第二は、日本の政治制度における、天皇絶対の専制政治から、主権在民を原則とする民主政治への変化である。この変化を代表したのは、一九四七年に施行された日本国憲法である。この憲法は、主権在民、戦争の放棄、国民の基本的人権、国権の最高機関としての国会の地位、地方自治など、民主政治の柱となる一連の民主的平和的な条項を定めた。形を変えて天皇制の存続を認めた天皇条項は、民主主義の徹底に逆行する弱点を残したものだったが、そこでも、天皇は「国政に関する権能を有しない」ことなどの制限条項が明記された。

この変化によって、日本の政治史上はじめて、国民の多数の意思にもとづき、国会を通じて、社会の進歩と変革を進めるという道すじが、制度面で準備されることになった。

第三は、戦前、天皇制の専制政治とともに、日本社会の半封建的な性格の根深い根源となっていた半封建的な地主制度が、農地改革によって、基本的に解体されたことである。このことは、日本独占資本主義に、その発展のより近代的な条件を与え、戦後の急成長を促進する要因の一つとなった。

日本は、これらの条件のもとで、世界の独占資本主義国の一つとして、大きな経済的発展をとげた。しかし、経済的な高成長にもかかわらず、アメリカにたいする従属的な同盟という対米関係の基本は変わらなかった。

（五）わが国は、高度に発達した資本主義国でありながら、国土や軍事などの重要な部分をアメリカに握られた事実上の従属国となっている。

わが国には、戦争直後の全面占領の時期につくられたアメリカ軍事基地の大きな部分が、半世紀を経ていまだに全国に配備され続けている。なかでも、敗戦直後に日本本土から切り離されて米軍の占領下におかれ、サンフランシスコ平和条約でも占領支配の継続が規定された沖縄は、アジア最大の軍事基地とされている。沖縄県民を先頭にした国民的なたたかいのなかで、一九七二年、施政権返還がかちとられたが、米軍基地の実態は基本的に変わらず、沖縄県民は、米軍基地のただなかでの生活を余儀なくされている。アメリカ軍は、わが国の領空、領海をほしいままに踏みにじっており、広島、長崎、ビキニと、国民が三たび核兵器の犠牲とされた日本に、国民に隠して核兵器持ち込みの「核密約」さえ押しつけている。

日本の自衛隊は、事実上アメリカ軍の掌握と指揮のもとにおかれており、アメリカの世界戦略の一翼を担わされている。

アメリカは、日本の軍事や外交に、依然として重要な支配力をもち、経済面でもつねに大きな発言権を行使している。日本の政府代表は、国連その他国際政治の舞台で、しばしばアメリカ政府の代弁者の役割を果たしている。

日本とアメリカとの関係は、対等・平等の同盟関係では決してない。日本の現状は、発達した資本主義諸国のあいだではもちろん、植民地支配が過去のものとなった今日の世界の国際関係のなかで、きわめて異常な国家的な対米従属の状態にある。アメリカの対日支配は、明らかに、アメリカの世界戦略とアメリカ独占資本主義の利益のために、日本の主権と独立を踏みにじる帝国主義的な性格のものである。

(六) 日本独占資本主義は、戦後の情勢のもとで、対米従属的な国家独占資本主義として発展し、国民総生産では、早い時期にすべてのヨーロッパ諸国を抜き、アメリカに次ぐ地位に到達するまでになった。その中心をなす少数の大企業は、大きな富をその手に集中して、巨大化と多国籍企業化の道を進むとともに、日本政府をその強い影響のもとに置き、国家機構の全体を自分たちの階級的利益の実現のために最大限に活用してきた。国内的には、大企業・財界が、アメリカの対日支配と結びついて、日本と国民を支配する中心勢力の地位を占めている。

大企業・財界の横暴な支配のもと、国民の生活と権利にかかわる多くの分野で、ヨーロッパなどで常識となっているルールがいまだに確立していないことは、日本社会の重大な弱点となっている。労働者は、過労死さえもたらす長時間・過密労働や著しく差別的な不安定雇用に苦しみ、多くの企業で「サービス残業」という違法の搾取方式までが常態化している。雇用保障でも、ヨーロッパのような解雇規制の立法も存在しない。

女性差別の面でも、国際条約に反するおくれた実態が、社会生活の各分野に残って、国際的な批判を受けている。公権力による人権の侵害をはじめ、さまざまな分野での国民の基本的人権の抑圧も、重大な状態を残している。

日本の工業や商業に大きな比重を占め、日本経済に不可欠の役割を担う中小企業は、大企業との取り引き関係でも、金融面、税制面、行政面でも、不公正な差別と抑圧を押しつけられ、不断の経営悪化に苦しんでいる。農業は、自立的な発展に必要な保障を与えられないまま、「貿易自由化」の嵐にさらされ、食料自給率が発達した資本主義国で最低の水準に落ち込み、農業復興の前途を見いだしえない状況が続いている。

国民全体の生命と健康にかかわる環境問題でも、大企業を中心とする利潤第一の生産と開発の政策は、自然と生活環境の破壊を全国的な規模で引き起こしている。

日本政府は、大企業・財界を代弁して、大企業の利益優先の経済・財政政策を続けてきた。日本の財政支出の大きな部分が大型公共事業など大企業中心の支出と軍事費とに向けられ、社会保障への公的支出が発達した資本主義国のなかで最低水準にとどまるという「逆立ち」財政は、その典型的な現われである。

その根底には、反動政治家や特権官僚と一部大企業との腐敗した癒着・結合がある。絶えることのない汚職・買収・腐敗の連鎖は、日本独占資本主義と反動政治の腐朽の底深さを表わしている。

日本経済にたいするアメリカの介入は、これまでもしばしば日本政府の経済政策に誤った方向づけを与え、日本経済の危機と矛盾の大きな要因となってきた。「グローバル化（地球規模化）」の名のもとに、アメリカ式の経営モデルや経済モデルを外から強引に持ち込もうとする企ては、日本経済の前途にとって、いちだんと有害で危険なものとなっている。

これらすべてによって、日本経済はとくに基盤の弱いものとなっており、二一世紀の世界資本主義の激動する情勢のもとで、日本独占資本主義の前途には、とりわけ激しい矛盾と危機が予想される。

日本独占資本主義と日本政府は、アメリカの目したの同盟者としての役割を、軍事、外交、経済のあらゆる面で積極的、能動的に果たしつつ、アメリカの世界戦略に日本をより深く結びつける形で、自分自身の海外での活動を拡大しようとしている。

軍事面でも、日本政府は、アメリカの戦争計画の一翼を担いながら、自衛隊の海外派兵の範囲と水準を一歩一歩拡大し、海外派兵を既成事実化するとともに、それをテコに有事立法や集団的自衛権行使への踏み込み、憲法改悪など、軍国主義復活の動きを推進する方向に立っている。軍国主義復活をめざす政策と行動は、アメリカの先制攻撃戦略と結びついて展開され、アジア諸国民との対立を引き起こしており、アメリカの前線基地の役割とあわせて、日本を、アジアにおける軍事的緊張の危険な震源地の一つとしている。

対米従属と大企業・財界の横暴な支配を最大の特質とするこの体制は、日本国民の根本的な利益とのあいだに解決できない多くの矛盾をもっている。その矛盾は、二一世紀を迎えて、ますます重大で深刻なものとなりつつある。

三、二一世紀の世界

（七）二〇世紀は、独占資本主義、帝国主義の世界支配をもって始まった。この世紀のあいだに、人類社会は、二回の世界大戦、ファシズムと軍国主義、一連の侵略戦争など、世界的な惨禍を経験したが、諸国民の努力と苦闘を通じて、それらを乗り越え、人類史の上でも画期をなす巨大な変化が進行した。

多くの民族を抑圧の鎖のもとにおいた植民地体制は完全に崩壊し、民族の自決権は公認の世界的な原理という地位を獲得し、百を超える国ぐにが新たに政治的独立をかちとって主権国家となった。これらの国ぐにを主要な構成国とする非同盟諸国会議は、国際政治の舞台で、平和と民族自決の世界をめざす重要な力となっている。

国民主権の民主主義の流れは、世界の大多数の国ぐにで政治の原則となり、世界政治の主流となりつつある。人権の問題では、自由権とともに、社会権の豊かな発展のもとで、国際的な人権保障の基準がつくられてきた。人権を擁護し発展させることは国際的な課題となっている。

国際連合の設立とともに、戦争の違法化が世界史の発展方向として明確にされ、戦争を未然に防止する平和の国際秩序の建設が世界的な目標として提起された。二〇世紀の諸経験、なかでも侵略戦争やその企てとのたたかいを通じて、平和の国際秩序を現実に確立することが、世界諸国民のいよいよ緊急切実な課題となりつつある。

これらの巨大な変化のなかでも、植民地体制の崩壊は最大の変化であり、それは世界の構造を大きく変え、民主主義と人権、平和の国際秩序の発展を促進した。

（八）一九一七年にロシアで十月社会主義革命が起こり、第二次世界大戦後には、アジア、東ヨーロッパ、ラテンアメリカの一連の国ぐにが、資本主義からの離脱の道に踏み出した。

最初に社会主義への道に踏み出したソ連では、レーニンが指導した最初の段階においては、おくれた社会経済状態からの出発という制約にもかかわらず、また、少なくない試行錯誤をともないながら、真剣に社会主義をめざす一連の積極的努力が記録された。とりわけ民族自決権の完全な承認を対外政策の根本にすえたことは、世界の植民地体制の崩壊を促すものとなった。

しかし、レーニン死後、スターリンをはじめとする歴代指導部は、社会主義の原則を投げ捨てて、対外的には、他民族への侵略と抑圧という覇権主義の道、国内的には、国民から自由と民主主義を奪い、勤労人民を抑圧する官僚主義・専制主義の道を進んだ。「社会主義」の看板を掲げておこなわれただけに、これらの誤りが世界の平和と社会進歩の運動に与えた否定的影響は、とりわけ重大であった。

日本共産党は、科学的社会主義を擁護する自主独立の党として、日本の平和と社会進歩の運動にたいするソ連覇権主義の干渉にたいしても、チェコスロバキアやアフガニスタンにたいするソ連の武力侵略にたいしても、断固としてたたかいぬいた。

ソ連とそれに従属してきた東ヨーロッパ諸国で一九八九～九一年に起こった支配体制の崩壊は、社会主義の失敗ではなく、社会主義の道から離れ去った覇権主義と官僚主義・専制主義の破産であった。これらの国ぐにでは、革命の出発点においては、社会主義をめざすという目標が掲げられたが、指導部が誤った道を進んだ結果、社会の実態としては、社会主義とは無縁な人間抑圧型の社会として、その解体を迎えた。

ソ連覇権主義という歴史的な巨悪の崩壊は、大局的な視野で見れば、世界の平和と社会進歩の流れを発展させる新たな契機となった。それは、世界の革命運動の健全な発展への新しい可能性を開く意義をもった。

（九）植民地体制の崩壊と百を超える主権国家の誕生という、二〇世紀に起こった世界の構造変化は、二一世紀の今日、平和と社会進歩を促進する生きた力を発揮しはじめている。

一握りの大国が世界政治を思いのままに動かしていた時代は終わり、世界のすべての国ぐにが、対等・平等の資格で、世界政治の主人公になる新しい時代が開かれつつある。諸政府とともに市民社会が、国際政治の構成員として大きな役割を果たしていることは、新しい特徴である。

「ノーモア・ヒロシマ、ナガサキ（広島・長崎をくりかえすな）」という被爆者の声、核兵器廃絶を求める世界と日本の声は、国際政治を大きく動かし、人類史上初めて核兵器を違法化する核兵器禁止条約が成立した。核兵器を軍事戦略の柱にすえて独占体制を強化し続ける核兵器固執勢力のたくらみは根づよいが、この逆流は、「核兵器のない世界」をめざす諸政府、市民社会によって、追い詰められ、孤立しつつある。

東南アジアやラテンアメリカで、平和の地域協力の流れが形成され、困難や曲折を経ながらも発展している。これらの地域が、紛争の平和的解決をはかり、大国の支配に反対して自主性を貫き、非核地帯条約を結び核兵器廃絶の世界的な源泉になっていることは、注目される。とくに、東南アジア諸国連合（ＡＳＥＡＮ）が、紛争の平和的解決を掲げた条約を土台に、平和の地域共同体をつくりあげ、この流れをアジア・太平洋地域に広げていることは、世界の平和秩序への貢献となっている。

二〇世紀中頃につくられた国際的な人権保障の基準を土台に、女性、子ども、障害者、少数者、移住労働者、先住民などへの差別をなくし、その尊厳を保障する国際規範が発展している。ジェンダー平等を求める国際的潮流が大きく発展し、経済的・社会的差別をなくすこととともに、女性にたいするあらゆる形態の暴力を撤廃することが国際社会の課題となっている。

（一〇）巨大に発達した生産力を制御できないという資本主義の矛盾は、現在、広範な人民諸階層の状態の悪化、貧富の格差の拡大、くりかえす不況と大量失業、国境を越えた金融投機の横行、環境条件の地球的規模での破壊、植民地支配の負の遺産の重大さ、アジア・中東・アフリカ・ラテンアメリカの国ぐにでの貧困など、かつてない大きな規模と鋭さをもって現われている。

とりわけ、貧富の格差の世界的規模での空前の拡大、地球的規模でさまざまな災厄をもたらしつつある気候変動は、資本主義体制が二一世紀に生き残る資格を問う問題となっており、その是正・抑制を求める諸国民のたたかいは、人類の未来にとって死活的意義をもつ。

世界のさまざまな地域での軍事同盟体制の強化や、各種の紛争で武力解決を優先させようとする企て、国際テロリズムの横行、排外主義の台頭などは、緊張を激化させ、平和を脅かす要因となっている。

なかでも、アメリカが、アメリカ一国の利益を世界平和の利益と国際秩序の上に置き、国連をも無視して他国にたいする先制攻撃戦略をもち、それを実行するなど、軍事的覇権主義に固執していることは、重大である。アメリカは、地球的規模で軍事基地をはりめぐらし、世界のどこにたいしても介入、攻撃する態勢を取り続けている。そこには、独占資本主義に特有の帝国主義的侵略性が、むきだしの形で現われている。これらの政策と行動は、諸国民の独立と自由の原則とも、国連憲章の諸原則とも両立できない、あからさまな覇権主義、帝国主義の政策と行動である。いま、アメリカ帝国主義は、世界の平和と安全、諸国民の主権と独立にとって最大の脅威となっている。

その覇権主義、帝国主義の政策と行動は、アメリカと他の独占資本主義諸国とのあいだにも矛盾や対立を引き起こしている。また、経済の「グローバル化」を名目に世界の各国をアメリカ中心の経済秩序に組み込もうとする経済的覇権主義も、世界の経済に重大な混乱をもたらしている。

軍事的覇権主義を本質としつつも、世界の構造変化のもとで、アメリカの行動に、国際問題を外交交渉によって解決するという側面が現われていることは、注目すべきである。

いくつかの大国で強まっている大国主義・覇権主義は、世界の平和と進歩への逆流となっている。アメリカと他の台頭する大国との覇権争いが激化し、世界と地域に新たな緊張をつくりだしていることは、重大である。

（一二）この情勢のなかで、いかなる覇権主義にも反対し、平和の国際秩序を守る闘争、核兵器の廃絶をめざす闘争、軍事同盟に反対する闘争、諸民族の自決権を徹底して尊重しその侵害を許さない闘争、民主主義と人権を擁護し発展させる闘争、各国の経済主権の尊重のうえに立った民主的な国際経済秩序を確立するための闘争、気候変動を抑制し地球環境を守る闘争が、いよいよ重大な意義をもってきている。

平和と進歩をめざす勢力が、それぞれの国でも、また国際的にも、正しい前進と連帯をはかることが重要である。

日本共産党は、労働者階級をはじめ、独立、平和、民主主義、社会進歩のためにたたかう世界のすべての人民と連帯し、人類の進歩のための闘争を支持する。

なかでも、国連憲章にもとづく平和の国際秩序か、独立と主権を侵害する覇権主義的な国際秩序かの選択が、問われている。日本共産党は、どんな国であれ覇権主義的な干渉、戦争、抑圧、支配を許さず、平和の国際秩序を築き、核兵器のない世界、軍事同盟のない世界を実現するための国際的連帯を、世界に広げるために力をつくす。

世界史の進行には、多くの波乱や曲折、ときには一時的な、あるいはかなり長期にわたる逆行もあるが、帝国主義・資本主義を乗り越え、社会主義に前進することは、大局的には歴史の不可避的な発展方向である。

四、民主主義革命と民主連合政府

（一二）現在、日本社会が必要としている変革は、社会主義革命ではなく、異常な対米従属と大企業・財界の横暴な支配の打破――日本の真の独立の確保と政治・経済・社会の民主主義的な改革の実現を内容とする民主主義革命である。それらは、資本主義の枠内で可能な民主的改革であるが、日本の独占資本主義と対米従属の体制を代表する勢力から、日本国民の利益を代表する勢力の手に国の権力を移すことによってこそ、その本格的な実現に進むことができる。この民主的改革を達成することは、当面する国民的な苦難を解決し、国民大多数の根本的な利益にこたえる独立・民主・平和の日本に道を開くものである。

（一三）現在、日本社会が必要とする民主的改革の主要な内容は、次のとおりである。

〔国の独立・安全保障・外交の分野で〕

1　日米安保条約を、条約第十条の手続き（アメリカ政府への通告）によって廃棄し、アメリカ軍とその軍事基地を撤退させる。対等平等の立場にもとづく日米友好条約を結ぶ。

経済面でも、アメリカによる不当な介入を許さず、金融・為替・貿易を含むあらゆる分野で自主性を確立する。

2　主権回復後の日本は、いかなる軍事同盟にも参加せず、すべての国と友好関係を結ぶ平和・中立・非同盟の道を進み、非同盟諸国会議に参加する。

3　自衛隊については、海外派兵立法をやめ、軍縮の措置をとる。安保条約廃棄後のアジア情勢の新しい展開を踏まえつつ、国民の合意での憲法第九条の完全実施（自衛隊の解消）に向かっての前進をはかる。

4　新しい日本は、次の基本点にたって、平和外交を展開する。

——日本が過去におこなった侵略戦争と植民地支配の反省を踏まえ、アジア諸国との友好・交流を重視する。紛争の平和的解決を原則とした平和の地域協力の枠組みを北東アジアに築く。

——国連憲章に規定された平和の国際秩序を擁護し、この秩序を侵犯・破壊するいかなる覇権主義的な企てにも反対する。

——人類の死活にかかわる核戦争の防止と核兵器の廃絶、各国人民の民族自決権の擁護、全般的軍縮とすべての軍事同盟の解体、外国軍事基地の撤去をめざす。

——一般市民を犠牲にする無差別テロにも報復戦争にも反対し、テロの根絶のための国際的な世論と共同行動を発展させる。

——日本の歴史的領土である千島列島と歯舞群島・色丹島の返還をめざす。

——多国籍企業の無責任な活動を規制し、地球環境を保護するとともに、一部の大国の経済的覇権主義をおさえ、すべての国の経済主権の尊重および平等・公平を基礎とする民主的な国際経済秩序の確立をめざす。

——紛争の平和解決、災害、難民、貧困、飢餓などの人道問題にたいして、非軍事的な手段による国際的な支援活動を積極的におこなう。

——社会制度の異なる諸国の平和共存および異なる価値観をもった諸文明間の対話と共存の関係の確立に力をつくす。

〔憲法と民主主義の分野で〕

1　現行憲法の前文をふくむ全条項をまもり、とくに平和的民主的諸条項の完全実施をめざす。

2　国会を名実ともに最高機関とする議会制民主主義の体制、反対党を含む複数政党制、選挙で多数を得た政党または政党連合が政権を担当する政権交代制は、当然堅持する。

3　選挙制度、行政機構、司法制度などは、憲法の主権在民と平和の精神にたって、改革を進める。

4　地方政治では「住民が主人公」を貫き、住民の利益への奉仕を最優先の課題とする地方自治を確立する。

5　国民の基本的人権を制限・抑圧するあらゆる企てを排除し、社会的経済的諸条件の変化に対応する人権の充実をはかる。労働基本権を全面的に擁護する。企業の内部を含め、社会生活の各分野で、思想・信条の違いによる差別を一掃する。

6　ジェンダー平等社会をつくる。男女の平等、同権をあらゆる分野で擁護し、保障する。女性の独立した人格を尊重し、女性の社会的、法的な地位を高める。女性の社会的進出・貢献を妨げている障害を取り除く。性的指向と性自認を理由とする差別をなくす。

7　教育では、憲法の平和と民主主義の理念を生かした教育制度・行政の改革をおこない、各段階での教育諸条件の向上と教育内容の充実につとめる。

8　文化各分野の積極的な伝統を受けつぎ、科学、技術、文化、芸術、スポーツなどの多面的な発展をはかる。学問・研究と文化活動の自由をまもる。
9　信教の自由を擁護し、政教分離の原則の徹底をはかる。
10　汚職・腐敗・利権の政治を根絶するために、企業・団体献金を禁止する。
11　天皇条項については、「国政に関する権能を有しない」などの制限規定の厳格な実施を重視し、天皇の政治利用をはじめ、憲法の条項と精神からの逸脱を是正する。

党は、一人の個人が世襲で「国民統合」の象徴となるという現制度は、民主主義および人間の平等の原則と両立するものではなく、国民主権の原則の首尾一貫した展開のためには、民主共和制の政治体制の実現をはかるべきだとの立場に立つ。天皇の制度は憲法上の制度であり、その存廃は、将来、情勢が熟したときに、国民の総意によって解決されるべきものである。

〔経済的民主主義の分野で〕

1　「ルールなき資本主義」の現状を打破し、労働者の長時間労働や一方的解雇の規制を含め、ヨーロッパの主要資本主義諸国や国際条約などの到達点も踏まえつつ、国民の生活と権利を守る「ルールある経済社会」をつくる。

2　大企業にたいする民主的規制を主な手段として、その横暴な経済支配をおさえる。民主的規制を通じて、労働者や消費者、中小企業と地域経済、環境にたいする社会的責任を大企業に果たさせ、国民の生活と権利を守るルールづくりを促進するとともに、つりあいのとれた経済の発展をはかる。経済活動や軍事基地などによる環境破壊と公害に反対し、自然保護と環境保全のための規制措置を強化する。
3　食料自給率の向上、安全・安心な食料の確保、国土の保全など多面的機能を重視し、農林水産政策の根本的な転換をはかる。国の産業政策のなかで、農業を基幹的な生産部門として位置づける。
4　原子力発電所は廃止し、核燃料サイクルから撤退し、「原発ゼロの日本」をつくる。気候変動から人類の未来を守るため早期に「温室効果ガス排出量実質ゼロ」を実現する。環境とエネルギー自給率の引き上げを重視し、再生可能エネルギーへの抜本的転換をはかる。
5　国民各層の生活を支える基本的制度として、社会保障制度の総合的な充実と確立をはかる。子どもの健康と福祉、子育ての援助のための社会施設と措置の確立を重視する。日本社会として、少子化傾向の克服に力をそそぐ。
6　国の予算で、むだな大型公共事業をはじめ、大企業・大銀行本位の支出や軍事費を優先させている現状をあらため、国民のくらしと社会保障に重点をおいた財政・経済の運営をめざす。大企業・大資産家優遇の税制をあらため、負担能力に応じた負担という原則にたった税制と社会保障制度の確立をめざす。
7　すべての国ぐにとの平等・互恵の経済関係を促進し、南北問題や地球環境問題など、世界的規模の問題の解決への積極的な貢献をはかる。
（一四）民主主義的な変革は、労働者、勤労市民、農漁民、中小企業家、知識人、女性、青年、

学生など、独立、民主主義、平和、生活向上を求めるすべての人びとを結集した統一戦線によって、実現される。統一戦線は、反動的党派とたたかいながら、民主的党派、各分野の諸団体、民主的な人びととの共同と団結をかためることによってつくりあげられ、成長・発展する。当面のさしせまった任務にもとづく共同と団結は、世界観や歴史観、宗教的信条の違いをこえて、推進されなければならない。

日本共産党は、国民的な共同と団結をめざすこの運動で、先頭にたって推進する役割を果たさなければならない。日本共産党が、高い政治的、理論的な力量と、労働者をはじめ国民諸階層と広く深く結びついた強大な組織力をもって発展することは、統一戦線の発展のための決定的な条件となる。

日本共産党と統一戦線の勢力が、積極的に国会の議席を占め、国会外の運動と結びついてたたかうことは、国民の要求の実現にとっても、また変革の事業の前進にとっても、重要である。

日本共産党と統一戦線の勢力が、国民多数の支持を得て、国会で安定した過半数を占めるならば、統一戦線の政府・民主連合政府をつくることができる。日本共産党は、「国民が主人公」を一貫した信条として活動してきた政党として、国会の多数の支持を得て民主連合政府をつくるために奮闘する。

統一戦線の発展の過程では、民主的改革の内容の主要点のすべてではないが、いくつかの目標では一致し、その一致点にもとづく統一戦線の条件が生まれるという場合も起こりうる。党は、その場合でも、その共同が国民の利益にこたえ、現在の反動支配を打破してゆくのに役立つかぎり、さしあたって一致できる目標の範囲で統一戦線を形成し、統一戦線の政府をつくるために力をつくす。

また、全国各地で革新・民主の自治体を確立することは、その地方・地域の住民の要求実現の柱となると同時に、国政における民主的革新的な流れを前進させるうえでも、重要な力となる。

民主連合政府の樹立は、国民多数の支持にもとづき、独占資本主義と対米従属の体制を代表する支配勢力の妨害や抵抗を打ち破るたたかいを通じて達成できる。対日支配の存続に固執するアメリカの支配勢力の妨害の動きも、もちろん、軽視することはできない。

このたたかいは、政府の樹立をもって終わるものではない。引き続く前進のなかで、民主勢力の統一と国民的なたたかいを基礎に、統一戦線の政府が国の機構の全体を名実ともに掌握し、行政の諸機構が新しい国民的な諸政策の担い手となることが、重要な意義をもってくる。

民主連合政府は、労働者、勤労市民、農漁民、中小企業家、知識人、女性、青年、学生など国民諸階層・諸団体の民主連合に基盤をおき、日本の真の独立の回復と民主主義的変革を実行することによって、日本の新しい進路を開く任務をもった政権である。

（一五）民主主義的変革によって独立・民主・平和の日本が実現することは、日本国民の歴史の根本的な転換点となる。日本は、アメリカへの事実上の従属国の地位から抜け出し、日本国民は、真の主権を回復するとともに、国内的にも、はじめて国の主人公となる。民主的な改革によって、日本は、戦争や軍事的緊張の根源であることをやめ、アジアと世界の平和の強固な礎の一つに変わり、日本国民の活力を生かした政治的・経済的・文化的な新しい発展の道がひらかれる。日本の進路の民主的、平和的な転換は、アジアにおける平和秩序の形成の上でも大きな役割を担い、二一世紀におけるアジアと世界の情勢の発展にとって、重大な転換点の一つとなりうるものである。

五、社会主義・共産主義の社会をめざして

（一六）日本の社会発展の次の段階では、資本主義を乗り越え、社会主義・共産主義の社会への前進をはかる社会主義的変革が、課題となる。

社会主義的変革の中心は、主要な生産手段の所有・管理・運営を社会の手に移す生産手段の社会化である。社会化の対象となるのは生産手段だけで、生活手段については、この社会の発展のあらゆる段階を通じて、私有財産が保障される。

生産手段の社会化は、人間による人間の搾取を廃止し、すべての人間の生活を向上させ、社会から貧困をなくすとともに、労働時間の抜本的な短縮を可能にし、社会のすべての構成員の人間的発達を保障する土台をつくりだす。

生産手段の社会化は、生産と経済の推進力を資本の利潤追求から社会および社会の構成員の物

質的精神的な生活の発展に移し、経済の計画的な運営によって、くりかえしの不況を取り除き、環境破壊や社会的格差の拡大などへの有効な規制を可能にする。

生産手段の社会化は、経済を利潤第一主義の狭い枠組みから解放することによって、人間社会を支える物質的生産力の新たな飛躍的な発展の条件をつくりだす。

社会主義・共産主義の日本では、民主主義と自由の成果をはじめ、資本主義時代の価値ある成果のすべてが、受けつがれ、いっそう発展させられる。「搾取の自由」は制限され、改革の前進のなかで廃止をめざす。搾取の廃止によって、人間が、ほんとうの意味で、社会の主人公となる道が開かれ、「国民が主人公」という民主主義の理念は、政治・経済・文化・社会の全体にわたって、社会的な現実となる。

さまざまな思想・信条の自由、反対政党を含む政治活動の自由は厳格に保障される。「社会主義」の名のもとに、特定の政党に「指導」政党としての特権を与えたり、特定の世界観を「国定の哲学」と意義づけたりすることは、日本における社会主義の道とは無縁であり、きびしくしりぞけられる。

社会主義・共産主義の社会がさらに高度な発展をとげ、搾取や抑圧を知らない世代が多数を占めるようになったとき、原則としていっさいの強制のない、国家権力そのものが不必要になる社会、人間による人間の搾取もなく、抑圧も戦争もない、真に平等で自由な人間関係からなる共同社会への本格的な展望が開かれる。

人類は、こうして、本当の意味で人間的な生存と生活の諸条件をかちとり、人類史の新しい発展段階に足を踏み出すことになる。

（一七）社会主義的変革は、短期間に一挙におこなわれるものではなく、国民の合意のもと、一歩一歩の段階的な前進を必要とする長期の過程である。

その出発点となるのは、社会主義・共産主義への前進を支持する国民多数の合意の形成であり、国会の安定した過半数を基礎として、社会主義をめざす権力がつくられることである。そのすべての段階で、国民の合意が前提となる。

日本共産党は、社会主義への前進の方向を支持するすべての党派や人びとと協力する統一戦線政策を堅持し、勤労市民、農漁民、中小企業家にたいしては、その利益を尊重しつつ、社会の多数の人びとの納得と支持を基礎に、社会主義的改革の道を進むよう努力する。

日本における社会主義への道は、多くの新しい諸問題を、日本国民の英知と創意によって解決しながら進む新たな挑戦と開拓の過程となる。日本共産党は、そのなかで、次の諸点にとくに注意を向け、その立場をまもりぬく。

（1）生産手段の社会化は、その所有・管理・運営が、情勢と条件に応じて多様な形態をとりうるものであり、日本社会にふさわしい独自の形態の探究が重要であるが、生産者が主役という社会主義の原則を踏みはずしてはならない。「国有化」や「集団化」の看板で、生産者を抑圧する官僚専制の体制をつくりあげた旧ソ連の誤りは、絶対に再現させてはならない。

（2）市場経済を通じて社会主義に進むことは、日本の条件にかなった社会主義の法則的な発展方向である。社会主義的改革の推進にあたっては、計画性と市場経済とを結合させた弾力的で効率的な経済運営、農漁業・中小商工業など私的な発意の尊重などの努力と探究が重要である。国民の消費生活を統制したり画一化したりするいわゆる「統制経済」は、社会主義・共産主義の日本の経済生活では全面的に否定される。

（一八）これまでの世界では、資本主義時代の高度な経済的・社会的な達成を踏まえて、社会主義的変革に本格的に取り組んだ経験はなかった。発達した資本主義の国での社会主義・共産主義への前進をめざす取り組みは、二一世紀の新しい世界史的な課題である。

発達した資本主義国での社会主義的変革は、特別の困難性をもつとともに、豊かで壮大な可能性をもった事業である。この変革は、生産手段の社会化を土台に、資本主義のもとでつくりだされた高度な生産力、経済を社会的に規制・管理するしくみ、国民の生活と権利を守るルール、自由と民主主義の諸制度と国民のたたかいの歴史的経験、人間の豊かな個性などの成果を、継承し発展させることによって、実現される。発達した資本主義国での社会変革は、社会主義・共産主義への大道である。日本共産党が果たすべき役割は、世界的にもきわめて大きい。

日本共産党は、それぞれの段階で日本社会が必要とする変革の諸課題の遂行に努力をそそぎながら、二一世紀を、搾取も抑圧もない共同社会の建設に向かう人類史的な前進の世紀とすることをめざして、力をつくすものである。

志位和夫（しい　かずお）

1954年　千葉県生まれ
1979年　東京大学工学部物理工学科卒業
現　在　日本共産党幹部会委員長、衆議院議員
著　書『激動する世界と科学的社会主義』(1991年)『科学的社会主義とは何か』(1992年)『歴史の促進者として』(1992年)『21世紀をめざして』(1995年)『科学・人生・生きがい』(1997年)『"自共対決"』(1998年)『民主日本への提案』(2000年)『歴史の激動ときりむすんで』(2002年)『希望ある流れと日本共産党』(2003年)『教育基本法改定のどこが問題か』(2006年)『韓国・パキスタンを訪問して』(2006年)『日本共産党とはどんな党か』(2007年)『ベトナム友好と連帯の旅』(2007年)『決定的場面と日本共産党』(2008年)『人間らしい労働を』(2009年)『アメリカを訪問して』(2010年)『新たな躍進の時代をめざして』(2012年)『領土問題をどう解決するか』(2012年)『綱領教室』〔第１～３巻〕(2013年)『戦争か平和か』(2014年)『ネオ・マルクス主義――研究と批判』(共著、1989年)『ネオ・マルクス主義――研究と批判２』(共著、1991年)

改定綱領《かいていこうりょう》が開《ひら》いた「新《あら》たな視野《しや》」

2020年 5 月10日　初　版

著　者　志　位　和　夫
発行者　田　所　　稔

郵便番号　151-0051　東京都渋谷区千駄ヶ谷 4-25-6
発行所　株式会社　新日本出版社
電話　03（3423）8402（営業）
03（3423）9323（編集）
info@shinnihon-net.co.jp
www.shinnihon-net.co.jp
振替番号　00130-0-13681
印刷・製本　光陽メディア

落丁・乱丁がありましたらおとりかえいたします。

ISBN978-4-406-06476-7　C0031　Printed in Japan